国情教育研究书系
袁振国◎主编

中国教育网络舆情分析报告 2012

田凤 等 著

教育科学出版社
·北京·

丛书总序

为打造具有国家水准、国际视野的教育科研成果，更好地服务于办好人民满意的教育，服务于全面建成小康社会，在中央级公益性科研院所基本科研业务费专项基金的支持下，我院系统开展了对国内国际重大教育理论与实践问题的研究，形成了“国情、国视、国菁、国际”四大书系。

“国情”书系以年度发展报告的形式，全面反映我国各级各类教育的成就、经验和挑战，对全国各省、自治区、直辖市教育发展和政策进行区域比较，对我国各级各类教育的发展水平进行国际比较，力求对我国教育的数量、规模、结构、效益和质量做出科学判断。

“国视”书系着眼于社会关注的教育热点问题，着眼于基础性、前瞻性问题，以了解事实、回应关切、提供政策建议为主要目的，探索教育发展规律。

“国菁”书系专门研究大中小学生的生活状态，涉及学校生活、家庭生活、社会生活、网络生活等，通过调查研究，了解当代学生的行为特点和思想情感，为研究如何促进学生的全面发展提供科学依据。

“国际”书系分为著作和译作两类，主要反映国际教育改革发展动态，回顾国际教育的历史进程，跟踪国际教育的改革动态，把握国际教育的发展趋势。

四大书系既各自独立又相互联系，在保持各书系特点的同时，力求做到：

一、"用数据说话"。数据是研究和决策的基础。四大书系力图建立在数据和事实的基础之上，通过对数据的搜集、提炼、整合、分析，发现问题，探索规律。

二、"通过比较说话"。没有比较就没有鉴别。书系力求通过国别比较、区域比较、类型比较、结构比较，发现真知，提供卓见。

三、"协同创新"。协同创新是提高创新效率和创新水平的战略要求。书系研究调动院内外、系统内外、国内外资源，注重人员交叉、学科交叉、方法交叉，力求有所创新、有所突破。

四大书系的编辑出版是我院全面提高教育科研水平的一项整体努力，也是建设国家一流教育智库的客观要求。在研究和写作过程中，书系得到了相关机构和同人的大力支持，特别是得到了教育部相关司局及有关部委的大力支持，在此一并致谢！我们将以此为起点，不懈努力，为推动中国教育事业在新的历史起点上向前发展发挥不可替代的作用。

中国教育科学研究院
2012 年 12 月

目　录
CONTENTS

前　言

教育是国计，也是民生；教育是今天，更是明天。2010 年《国家中长期教育改革和发展规划纲要（2010—2020 年）》发布，为教育发展带来了新活力，增添了新动力。随着教育在国计民生中的作用越来越突现，教育改革越来越受到社会的关注。网民借助微博等新媒体与信息技术的融合平台，对教育也越来越关注。

截至 2012 年年底，我国网民规模达到 5.64 亿人，互联网普及率为 42.1%，越来越多的信息通过互联网传播，互联网已成为舆情产生、形成和发展最重要的平台，是媒体中的“集大成者”和舆论最大的“集散地”，自然也是研究教育舆情①最值得关注的领域。一方面，微博的迅猛发展及其自媒体的特性，为每个网民自由发言、表达利益诉求提供了渠道，成为网民可能影响各级政府、微博等新媒体的重要途径。另一方面，微博等新媒体由于具有强大的社会动员能力，可以加速信息传播，对政府的公共治理能力带来了前所未有的挑战和发展机遇。

2012 年，中国教育走过了不平静的一年。“最美女教师”、“异地高考”、“温岭虐童”、“黄金大米”试验、“毕节流浪儿童取暖致死”、“崔

① 网络舆情是由于各种事件的刺激而产生的通过互联网传播的人们对于该事件的所有认知、态度、情感和行为倾向的集合。本报告中的舆情主体主要为社会民众或群众，既可能是个体，也可能是群体。舆情热度是根据教育舆情事件首次曝出后，该事件在网络新闻、微博、论坛、博客中的信息量，以及事件本身持续的时间、主流媒体介入的程度等指标进行综合加权后得出的结果。

永元指责教育部门不作为”、“高校因担心学生猝死而取消长跑”……或令人感动，或令人唏嘘，或令人义愤，或令人困惑……与2011年相比，2012年我国教育网络舆情呈现出如下特征。(1) 由微博首次曝出的教育舆情事件数量大幅增加。(2) 教师言行最容易引发教育舆情事件，全年影响较大的684起教育舆情事件中共有108起教师言行事件，占总数的15.8%。(3) 8月、10月、12月最容易出现教育舆情事件。(4) 广东、北京、湖北成为教育舆情事件高发省份，东部地区教育舆情事件数量最多。(5) 校内教育舆情事件多于社会和家庭，主要包括教学管理、教师言行、教育腐败、教育管理体制和非正常死亡等类型的事件。(6) 由于城市地区经济发达、人口密集、学校众多、媒体行业发达，城市教育舆情事件多于农村。(7) 各级各类教育中，义务教育领域舆情事件最多，占总数的38.9%。(8) 学校、学生和教师最容易成为教育舆情事件主体，学校舆情事件达235起，占总数的34.4%。(9) 异地高考教育舆情事件持续时间长，影响范围大。①

教育系统作为重要的社会子系统，正在承载着越来越大的舆情压力。教育舆情事件频发也给教育部门提出了更高的要求。研究教育舆情的传播特性，对于预判和正确地应对舆情，对于引导公众正确对待网络舆论都有重要意义。

本报告所使用的数据来自拓尔思（TRS）社会化媒体数据中心采集的互联网公开数据，综合采用传统媒体与新媒体中的搜索引擎、新闻、微博、论坛、博客等方面监测的数据源②，通过模型化思维确立行业信息或者单条信息的多个分析指标③。按照“媒体充分关注、网民热烈讨论、专家评估”的鉴别原则，本报告以年度为单位，全面梳理了2012年我国教

① 本报告研究范围主要涉及中国大陆地区，不含港澳台地区。

② 传统媒体监测的数据源主要包括大型门户网站、报纸的电子站点、教育行业网站；新媒体监测的数据源主要包括网络论坛、虚拟社区、博客站点、贴吧、微博。

③ 这里的分析指标主要包括：延续时间、参与媒体、参与人群、关键词频率、粉丝价值、话题分布、未知探索、关系挖掘、互动效果、信息传播途径等。

育领域发生的重大舆情事件①。同时，与 2011 年教育舆情进行对比分析，对 2013 年可能延续或升级的教育舆情做了预测，介绍了国外应对教育舆情的可资借鉴之处，与读者分享。

① 教育舆情事件遴选过程如下。针对重点事件，按照“统计每月重点舆情—利用 SMAS 平台分析热点事件—结合分析师和专家分析—确定影响力最大重点事件”的步骤加以统计分析。针对每月重点舆情事件，分别在 TRS 数据中心的新闻库、论坛库、微博库、博客库和视频库，按照由教育领域内的常用关键词组成的检索表达式加以检索，将检索结果按照信息本身的热度（如新闻转载量、论坛帖子点击量及回帖量、微博转发量及评论量）分月加以统计。此外，结合新浪、搜狐、网易、腾讯等新闻门户网站的每周新闻排行榜，天涯、猫扑、西祠胡同、凯迪社区、人民网强国社区、新华网发展论坛、中华网论坛等主要论坛的每周热点排行，以及新浪微博的热点话题、百度热搜等平台的特色栏目，提取相关关键词，将这些关键词通过 TRS 信息采集工具加以补充采集，最终形成“TRS 原有教育舆情事件库 + 媒体教育热点舆情事件库”的 2012 年教育舆情事件库。在此基础上，按照“媒体充分关注、网民热烈讨论、专家评估（同类型不会做多次选择）”的鉴别原则，综合考虑，确定教育舆情事件。

1. 微博已成为影响社会舆论的重要力量

- **2012 年半数中国网民在使用微博**

2010 年是微博元年，当年微博用户数是 0. 63 亿，2011 年微博用户数是 2. 5 亿，2012 年微博用户数增长至 3. 09 亿，较 2011 年年底增长了 5873 万，其中手机微博用户数达 2. 02 亿，占微博用户总数的 65. 6%，接近总体人数的三分之二。①

急剧膨胀的微博用户正在改变着互联网的舆论格局，成为影响社会舆论的重要力量。

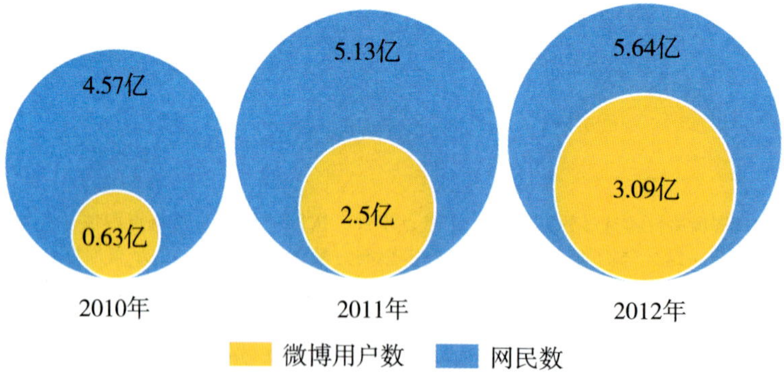

图 1－1　近三年网民数和微博用户数

① 中国互联网络信息中心. 第 31 次中国互联网络发展状况统计报告［R/OL］. 北京：中国互联网络信息中心，2013. http：//www. cnnic. net. cn/hlwfzyj/hlwxzbg/hlwtjbg/201301/t20130115_38508. htm.

• 手机微博用户数增加9.7%

2012年下半年，PC端微博用户的活跃度呈现出逐月下降的趋势，从7月的峰值1.12亿人下降至12月的0.87亿人，日均访问时长也从7月的峰值1172万小时下降至12月的778万小时。①

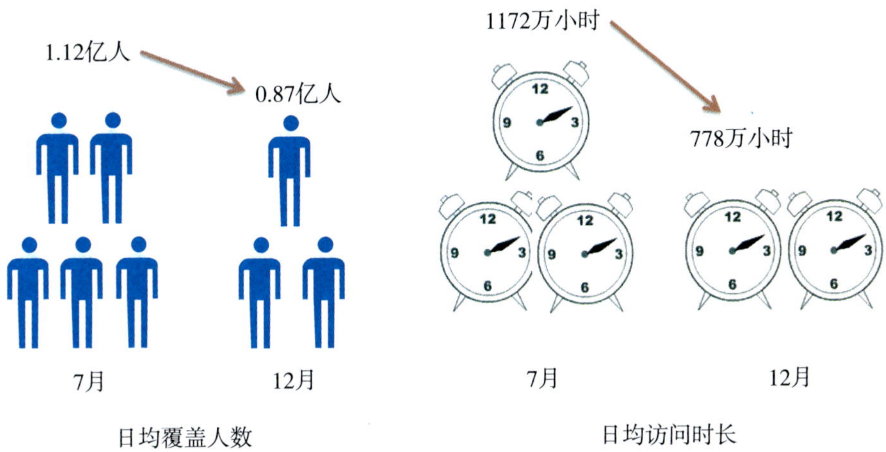

图1-2　PC端微博平台日均覆盖人数和日均访问时长

截至2012年年底，我国手机微博用户数为2.02亿，微博在手机网民中的使用率为48.2%。手机微博数相比2011年增长了9.7个百分点，微博也成为2011—2012年使用率升幅最大的手机应用，发展势头强劲，已逐渐成为移动互联网时代最具发展潜力的主流应用之一。

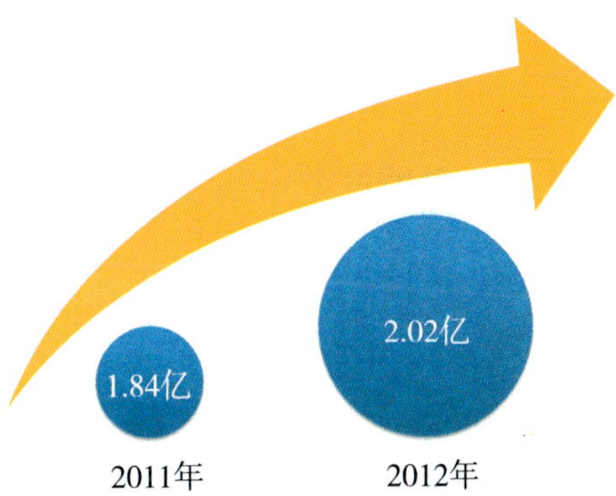

图1-3　2011—2012年手机微博用户数

① 中国互联网络信息中心. 第31次中国互联网络发展状况统计报告［R/OL］. 北京：中国互联网络信息中心，2013. http：//www.cnnic.net.cn/hlwfzyj/hlwxzbg/hlwtjbg/201301/t20130115_38508.htm.

• 讨论教育话题的微博用户和微博数量双双增长

讨论教育话题的微博用户数，2011 年为 916480，2012 年为 1280625，增长率是 39.7%。2011 年涉及教育的微博信息有 1889 万条，2012 年有 2227 万条，增长率是 17.9%。2012 年关心教育的微博用户和涉及教育的微博数量均出现增长趋势。

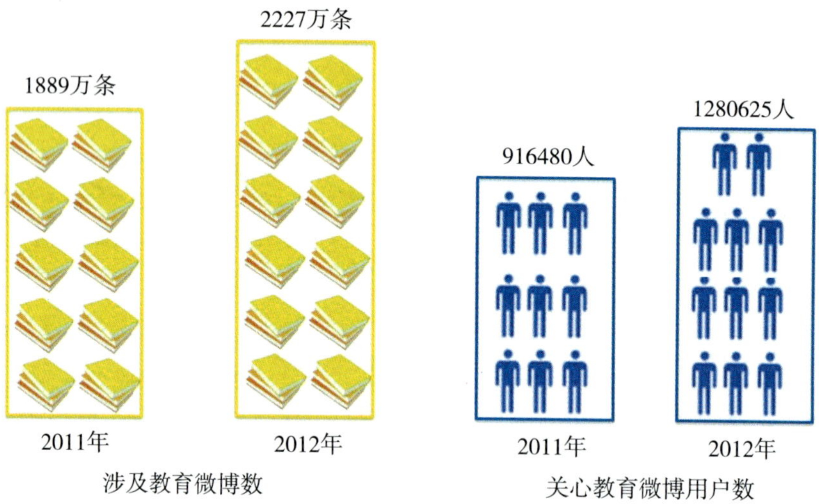

图 1－4　教育话题相关微博用户数和微博数对比

• 由微博首次曝出的教育舆情事件数量大幅增加

2010 年教育舆情事件中，由微博首次曝出的有 5 起；2011 年为 20 起，增长 3 倍①；2012 年为 113 起，增长 4.65 倍。由微博首次曝出的教育舆情事件的数量越来越多，微博的平台地位日益提升。

2010 年由微博曝出的 5 起重大教育舆情事件中，影响较大的是方舟子微博曝光打工皇帝唐骏学历造假、鲁迅作品退出语文教材等；2011 年微博曝出的重大教育舆情事件大幅增加，代表性的事件有微博加速政府启动免费午餐计划、微博打拐、山西尿毒症少年微博求助等；2012 年微博曝出的

① 唐亚阳．中国教育网络舆情发展报告 2011［M］．长沙：湖南大学出版社，2012.

重点教育舆情事件有“黄金大米”试验、湖南营养午餐缩水、浙江温岭虐童等。

图 1－5　微博首次曝出的教育舆情事件数量对比

- **微博推动教育改革、教育公益与公民维权**

(1) 推动教育改革

2012 年，微博在推动教育公平方面发挥着愈来愈大的作用。湖南营养午餐缩水事件中，支教女大学生在微博上曝出信息，推动当地教育局介入，调查问题并进行整改，这是一次微博力量的显示。湖北麻城儿童自带课桌上学事件被媒体曝光后，麻城市委书记杨遥主动开通微博，承认问题，澄清外界质疑，并承诺三个月内解决麻城市课桌椅配置的问题。地方官员越来越重视微博的作用，通过微博问政，倾听民意，关注民生。方舟子微博质疑武汉大学法学院院长抄袭论文，也引发了治理学术腐败的又一轮热议。

微博不仅推动着教育的改革，而且改变着各地官员的为官态度和方式，逐渐成为一种新的舆论场所。

（2）推动教育公益

贵州毕节流浪儿童取暖致死事件发生后，爱心人士微博倡导募捐旧衣物，帮助流浪儿童和贫困的留守儿童，让其度过一个温暖的冬天。微博的教育公益功能正以星火燎原之势，推动教育公平公正，促进社会和谐发展。

（3）推动公民维护权益

中国拥有 3 亿多微博用户，微博广受网民欢迎，已经成为时下必不可少的社交工具，其传播影响力日趋增大。当自身权益受到侵害却无法通过正常途径解决时，在微博上发言以求获得民意支持，解决自身问题的现象日趋增多。2012 年出现了多起通过微博维护自身权益的事件，其中影响较大的事件有：学生微博质疑清华图书馆无厕纸，女教授微博发文否认“色诱学生”，浙大微博回应为争高考状元录取女友，等等。

2. 2012 年十大教育舆情事件

2012 年，综合网络新闻、微博、论坛、博客等媒体教育舆情事件的排行可以发现，开放异地高考的争议、最美教师张丽莉舍己救人等舆情事件排在前十位。

2012年教育舆情事件各类媒体综合排行

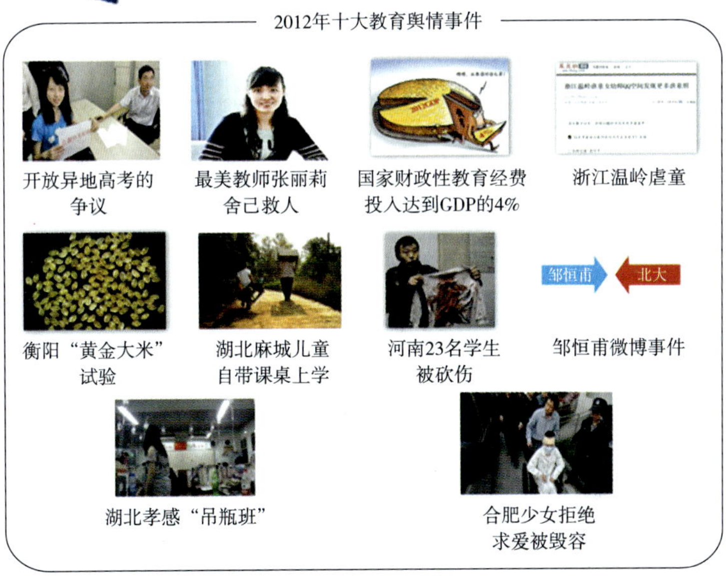

注：以上十大教育舆情事件是统计网络新闻、微博、论坛、博客中的信息热度指数，并根据各平台的影响力进行加权，综合所得的最终结果。

微博排行

序号	事件	微博（条）
1	开放异地高考的争议	1674138
2	浙江温岭虐童	1390912
3	最美教师张丽莉舍己救人	973648
4	湖北麻城儿童自带课桌上学	841232
5	衡阳“黄金大米”试验	823161
6	贵州毕节流浪儿童取暖致死	766614
7	合肥少女拒绝求爱被毁容	723472
8	湖南营养午餐缩水	646188
9	邹恒甫微博事件	645629
10	河南23名学生被砍伤	643573

网络新闻排行

序号	事件	新闻（条）
1	开放异地高考的争议	73856
2	最美教师张丽莉舍己救人	58748
3	国家财政性教育经费投入达到GDP的4%	32516
4	十八大提出“办好人民满意的教育”	32012
5	浙江温岭虐童	25699
6	高校取消长跑	11740
7	考研泄题	9888
8	合肥少女拒绝求爱被毁容	9593
9	邹恒甫微博事件	9487
10	湖北孝感“吊瓶班”	8722

论坛排行

序号	事件	论坛主题帖（条）
1	开放异地高考的争议	53213
2	最美教师张丽莉舍己救人	50285
3	浙江温岭虐童	33632
4	国家财政性教育经费投入达到GDP的4%	30945
5	湖北孝感“吊瓶班”	24585
6	合肥少女拒绝求爱被毁容	18935
7	贵州毕节流浪儿童取暖致死	15014
8	邹恒甫微博事件	9488
9	湖南永州11岁幼女被逼卖淫案续：幼女母亲被劳教	9073
10	河南23名学生被砍伤	8081

博客排行

序号	事件	文章（篇）
1	开放异地高考的争议	10252
2	国家财政性教育经费投入达到GDP的4%	9463
3	邹恒甫微博事件	5828
4	河南23名学生被砍伤	5375
5	高校取消长跑	4406
6	湖北孝感“吊瓶班”	3046
7	贵州毕节流浪儿童取暖致死	2319
8	合肥少女拒绝求爱被毁容	2165
9	衡阳“黄金大米”试验	2056
10	浙江温岭虐童	1791

报纸排行

序号	事件	文章（篇）
1	最美教师张丽莉舍己救人	5949
2	开放异地高考的争议	3372
3	国家财政性教育经费投入达到GDP的4%	3034
4	浙江温岭虐童	1596
5	十八大提出“办好人民满意的教育”	1301
6	衡阳“黄金大米”试验	1044
7	合肥少女拒绝求爱被毁容	934
8	邹恒甫微博事件	833
9	湖北孝感“吊瓶班”	715
10	云南彝良山体滑坡18名学生被埋	487

2012年教育舆情网络流行语

序号	流行语	热度指数	序号	流行语	热度指数
1	学霸	5497728	16	蝗虫	156560
2	杜甫很忙	2387952	17	北大笑长	156560
3	甄嬛体	1723808	18	最牛高考班	118656
4	逛不完的菜市场，穿不完的地摊货	995392	19	元芳，你怎么看？	110416
5	最美女教师	858608	20	拥抱费	107121
6	清华叫兽	856960	21	女仆装	97232
7	吊瓶班	759728	22	拼爹门	82400
8	课间操 Style	708640	23	萝卜招聘	74160
9	鹰爸	440016	24	拜状元	72512

续表

序号	流行语	热度指数	序号	流行语	热度指数
10	爬树课 生死课 三国杀	395520	25	论文博士	65920
11	裸跑弟	316416	26	中国式作业	56032
12	野鸡大学	227424	27	微笑局长 “表哥”	52736
13	淘宝大学	217536	28	五道杠	44990
14	洋高考	214240	29	男月嫂	36256
15	北大淫棍多	169744	30	焚书起义	32960

注：网络流行语热度指数根据在微博上出现的频次统计得出。

2012年重要教育政策

1

幼儿园赞助费

2012 年 1 月 4 日，国家发改委、教育部、财政部联合印发《幼儿园收费管理暂行办法》，禁止幼儿园向家长收取赞助费、捐资助学费、建校费、教育成本补偿费等与入园挂钩的费用。严禁以开办实验班、特色班、兴趣班、亲子班等特色教育为名，向家长另行收取费用。

2

新课标

2012 年 2 月，教育部公布了义务教育阶段 19 个学科科目的新课程标准具体内容，其中语文对小学生会写汉字的要求有所降低，三四年级会写汉字减少 400 个，但是增加 20 篇背诵篇目。基础教育阶段的英语课程按照能力水平设为 9 级。

续表

3  南科大	2011 年 3 月 21 日上午 10 时，南方科技大学首批教改实验班的 45 位学生上了“南科大第一课”——应用物理。自此，备受关注的南科大正式迈开了教改的步伐。2012 年 4 月 16 日，教育部向广东省人民政府发出《教育部关于同意建立南方科技大学的通知》。
4  校园安全	2012 年 4 月 5 日，温家宝总理签署国务院令，公布了《校车安全管理条例》。根据条例，高中学生上下学不纳入校车服务范围，幼儿入园也以保障幼儿就近入园和由家长接送为原则。条例规定，载有学生的校车享有路上“优先权”，可在公共交通专用车道以及其他禁止社会车辆通行但允许公共交通车辆通行的路段行驶。
5  15 年免费教育	从 2012 年秋季学期开始，西藏将全面实现 15 年免费教育，即学前 3 年、小学 6 年、初中 3 年和高中 3 年。凡是在西藏自治区公办学校就读的学生均能享受这一政策，在民办或其他部门办学校就读的学生也可享受等额财政补贴。
6  异地高考	2012 年，备受社会各界关注的异地高考终于被纳入教育发展蓝图。教育部下发的《国家教育事业发展第十二个五年规划》明确提出：推动各地制定非户籍常住人口在流入地接受高中阶段教育，省内流动人口就地参加高考升学以及省外常住非户籍人口在居住地参加高考升学的办法。

续表

 教育公平	2012 年 8 月，教育部等四部委出台《关于做好进城务工人员随迁子女接受义务教育后在当地参加升学考试工作的意见》。2012 年教育部继续实施了中小学教师国家级培训计划，帮助 350 万名农村教师提升素质。
 叫停大学扩招	2012 年，教育部发布《全面提高高等教育质量的若干意见》，明确提出今后公办普通高校本科招生规模将保持相对稳定，连续实施了 13 年的高校本科扩招政策终于画上了句号。
 暂停撤点并校	2012 年 9 月，国务院出台《关于规范农村义务教育学校布局调整的意见》，实施了十余年的“撤点并校”政策被叫停。
 取消奥数	2012 年 9 月 14 日，教育部和北京市教委再次发布通知，禁止把奥数与“小升初”挂钩。然而，面对禁令，很多家长的反应竟然是不知所措。早在十年前，教育部已下发过类似文件。奥数能不能取消，孩子的课业负担该如何减轻，依旧是家长们关心的热门话题。

3. 最容易引发教育舆情的事件类型

对2012年全年影响力较大的684起教育舆情事件的统计分析显示，教师言行是最容易引发教育舆情的事件类型。教师言行类舆情事件有108起，占比为15.8%；其次是教育腐败类，此类舆情事件有92起，占比为13.4%；再次是教学管理类，共发生80起教育舆情事件，占比为11.7%。

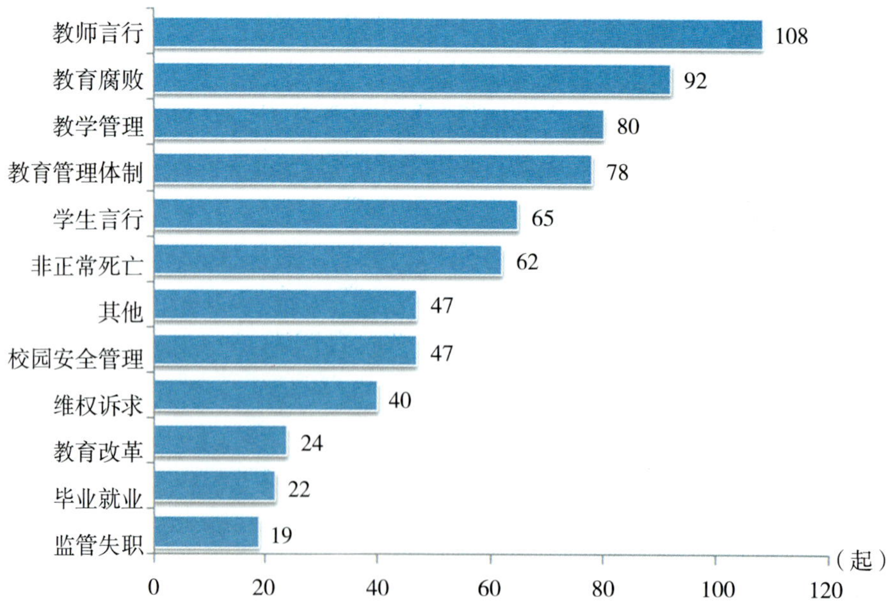

图3－1　教育舆情事件分类统计

在涉及教师言行的108起事件中，从数量上看，体罚学生的有24起、虐待学生的有23起、惩罚学生的有15起，猥亵和性侵学生的有12起，这些是涉及教师言行的舆情事件中最为突出的类型，并且主要发生在学前教育和义务教育阶段。在24起虐待学生事件中，有10起为虐童事件。值得注意的是，除了身体上的伤害，也不乏教师以简单粗暴的教育方法对学生实施惩罚的事件，最终给孩子带来身心伤害。比如：常州一中学教师让学生在厕所补作业；西安某中学女生经期不出操，被教师拉进厕所强行检查；教师当着家长的面批评14岁男孩“太花了”，男孩愤而跳楼；海口一教师用手机短信群发考试不及格学生名单等。时代在发展，家长和学生的维权意识在提升，但是某些教师的教育理念和教育手段并未更新，不尊重学生的隐私、不尊重学生的自尊心、以罚代管、教学应试化等现象仍然时有发生。

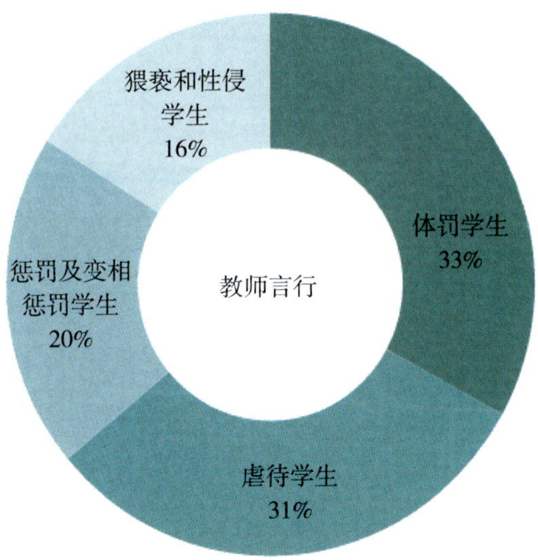

图3－2　涉及教师言行舆情事件的主要类型

在92起涉及教育腐败的舆情事件中，乱收费或变相乱收费的有41起，学术造假的有8起，贪污的有7起，这些是涉及教育腐败的舆情事件中最为突出的三大类型。乱收费中，幼儿园的高额择校费以及上涨迅猛的学杂费，义务教育阶段的巧立名目收费，如军训费、早餐费、校车费等，都引发了舆论较为集中的关注；学术造假在高等教育阶段较为严重，比如论文抄袭、履历造假等；贪污则有虚报教育补助、私扣学生捐款、挪用择校费等事件。

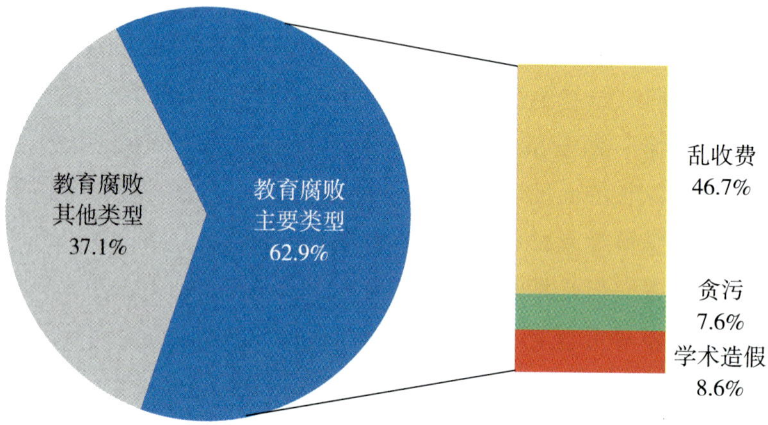

图 3-3　涉及教育腐败舆情事件的主要类型

4. 最容易出现教育舆情事件的时间

- **8 月、10 月、12 月成为全年三个舆情热度高峰**

对 2012 年教育舆情事件发生数量的监测分析显示：第一季度共发生 150 起舆情事件，其中 2 月增幅较大，3 月略有下降；第二季度舆情事件数量稳中有升，共 183 起，其中 5 月、6 月事件数量明显上升，增幅较大；第三季度舆情事件数量略有下降，共 167 起，其中 7 月、8 月事件数持平，9 月反弹；第四季度，舆情事件数量最多，共 184 起，其中 10 月的事件数达到全年最高值，共 80 起，11 月后事件数相对减少。除 10 月外，其他各月舆情事件数量基本在 30—70 起。

分析各月舆情事件的热度，能更好地反映舆情事件的影响力以及媒体、网民的参与度。根据 2012 年舆情热度监测分析，10 月为舆情事件的第一高发期。浙江温岭虐童、湖南营养午餐缩水等多个重大舆情事件发生在该月，舆情热度激增，达到顶点。舆情热度次高峰分别出现在 8 月、12 月。虽然 8 月的舆情事件数量不是最多，但“邹恒甫炮轰北大”以及“衡阳‘黄金大米’”的微博在网上引起轩然大波，网民热议相关事件，争议颇大，使舆情热度暴涨，形成了 2012 年度第二个舆情热度高峰。12 月发生的河南 23 名学生被砍伤、江西校车侧翻落水等几起重大教育舆情事件，使当月的舆情热度激增，成为全年的第三个高峰。

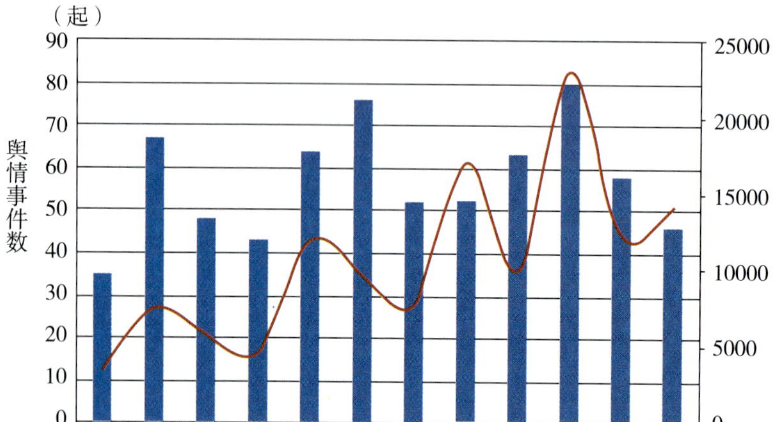

	1月	2月	3月	4月	5月	6月	7月	8月	9月	10月	11月	12月
舆情事件数	35	67	48	43	64	76	52	52	63	80	58	46
舆情热度指数	3345	7409	5775	4450	11976	9572	7668	17037	9982	23035	12236	14108

图 4-1　教育舆情事件数及热度走势

注：舆情热度指数根据舆情事件首次曝出后一个月内的媒体报道文章数和网民的网页点击数、网页搜索数、网络讨论数综合加权得出。

图 4-2　2012 年 8 月、10 月、12 月重大教育舆情事件

5. 出现教育舆情事件最多的地区

- **2012 年广东、北京、湖北三地教育舆情事件数量最多**

如图 5 - 1 所示，教育舆情事件发生数量最多的省份是广东、北京、湖北，其次是江苏、浙江、河南、山东、湖南等。这些地区人口密集，学校分布众多，传媒行业较为发达，校园的舆情事件得以及时报道，民众维权意识强，更容易参与舆情事件。

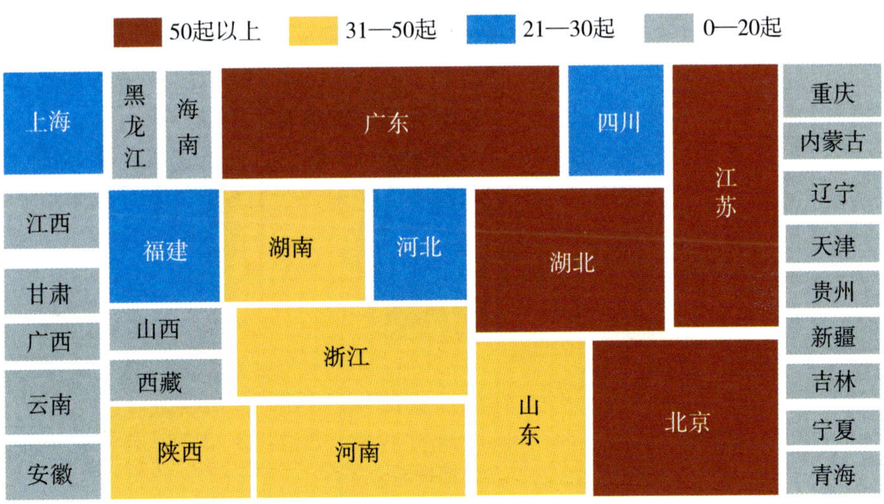

图 5 - 1　教育舆情事件地区分布

注：色块面积大小代表该地区一年内发生的重大教育舆情事件数量多少。

表 5－1 教育舆情事件数排名前十位的省份教育舆情分析

排名	地区	数量（起）	特点	代表性事件
1	广东	81	经济发达，家长和学生使用新媒体的能力强，维权意识强。教师言行、教育腐败和教育管理是最突出的问题。	• 女大学生“占领男厕”呼吁性别平等 • 广州一处长涉嫌猥亵多名男童被控制 • 佛山中学生“黑”教育局网站
2	北京	60	高校众多，尤其北大清华的一举一动都颇受关注，2012 年北大共发生了 7 起重大教育舆情事件，居全国各高校之首。教师言行、教育管理体制是最突出的问题。	• 邹恒甫微博事件 • 清华“学霸”姐妹 • 北京市教委取消奥数 • 北京市民抗议异地高考方案
3	湖北	54	教学管理和教师言行类的事件最为突出。	• 麻城儿童自带课桌上学 • 湖北孝感“吊瓶班” • 武大副教授因未评上职称打人
4	江苏	51	事件数量较多，平均热度不高，事件类型较为多元。	• 太湖游艇撞上大船 • 上海交大 3 名学生遇难 • 南京大学校庆“序长不序爵” • 鹰爸要求 4 岁孩子雪地裸跑

续表

排名	地区	数量（起）	特点	代表性事件
5	浙江	37	温岭虐童事件以图片形式，给人强烈的视觉震撼，牵引出全国各地不同的虐童事件。	• 浙江温岭虐童 • 乐清副校长涉嫌猥亵女生
6	河南	36	河南 23 名学生被砍伤事件震惊全国，将河南地区的舆情热度推高。	• 河南 23 名学生被砍伤 • 大学生免费为农民工订宾馆过“七夕” • 卫辉学生停课淋雨祭比干
7	山东	34	事件发生数量不多，但青岛女生坠亡事件引发网民热议。	• 青岛女生坠亡 • 山东烟台多所院校学生被强制进富士康实习 • 学生参加高考体检被令裸检
8	湖南	33	教育舆情主要涉及教育公平和城乡教育问题。	• 湖南高校职称评委“开房收钱” • 崔永元炮轰湖南教育厅不作为 • 衡阳“黄金大米”试验 • 营养午餐缩水
9	陕西	30	教育腐败和学生言行类型的事件较多。	• 西安一重点中学女校长挪用 200 万择校费给自己买房 • 西安某学校军训费收 600 元 • 西安小学生打假人发泄情绪

续表

排名	地区	数量（起）	特点	代表性事件
10	福建	26	发生最多的是教学管理、教育管理体制和教育腐败类型的事件。	• 方舟子质疑厦门大学女教授学历造假 • 厦门大学开设爬树课

- **东部地区教育舆情事件数量最多**

2012 年教育舆情事件主要分布在东部地区，占到了总量的 54%，中部地区和西部地区分列第二、第三，东北地区的数量最少。

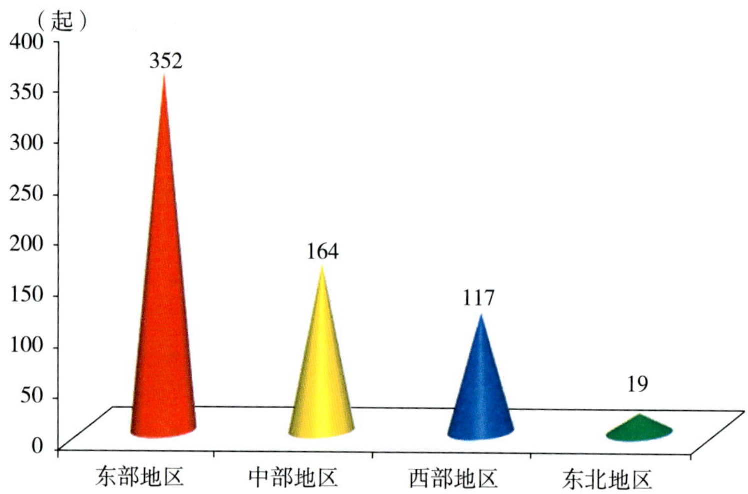

图 5－2　教育舆情事件区域分布

注：根据国家统计局 2011 年 6 月 13 日的划分办法，将我国的经济区域划分为东部、中部、西部和东北四大地区。东部地区包括：北京、天津、河北、上海、江苏、浙江、福建、山东、广东和海南。中部地区包括：山西、安徽、江西、河南、湖北和湖南。西部地区包括：内蒙古、广西、重庆、四川、贵州、云南、西藏、陕西、甘肃、青海、宁夏和新疆。东北地区包括：辽宁、吉林和黑龙江。

数据统计分析显示：东部地区教育舆情事件的类型主要为教师言行、

教学管理、教育管理体制、教育腐败和非正常死亡；中部地区教学管理、教育腐败和教师言行类的事件较为突出；西部地区的各类舆情事件整体较少，非正常死亡类事件相比之下最为突出，主要有贵州毕节流浪儿童取暖致死，云南彝良山体滑坡18名学生被埋，甘肃陕西分别发生校车事故致多名学生死亡等。

此外，从各地发生的各类型事件数量来看，教学管理、教师言行、教育腐败类型事件均位列前三，因此，这三类事件是各地区需要普遍重视和警觉的。

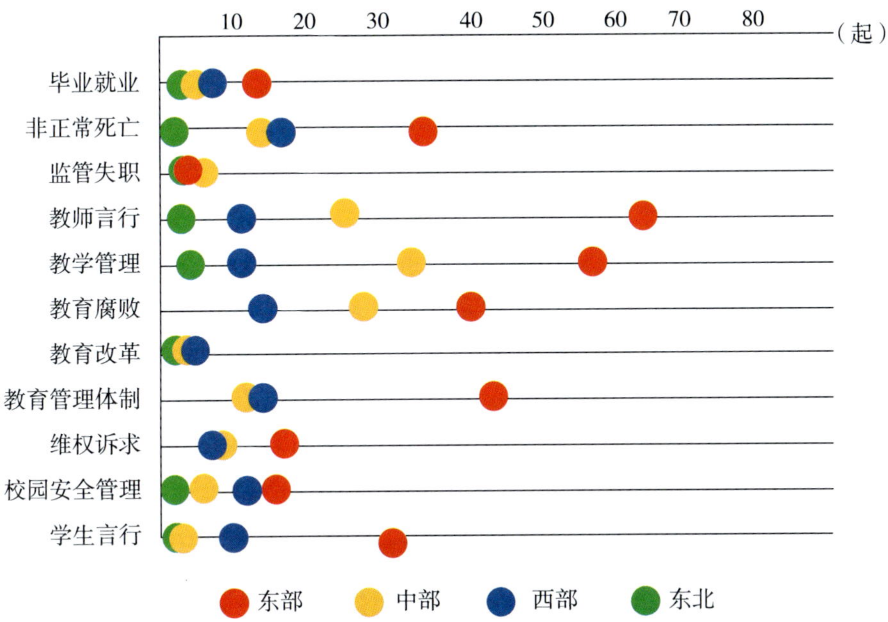

图5-3　教育舆情事件地域类型分析

- **学校舆情事件多于社会和家庭**

2012年中国教育舆情事件主要发生在学校，其次是社会，家庭排名第三。浙江温岭虐童、河南23名学生被砍伤、营养午餐缩水、衡阳“黄金大米”试验等重大事件均发生在校内。

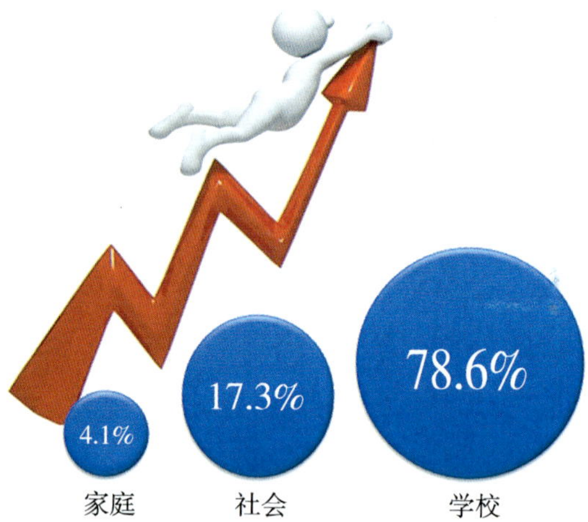

图 5－4　教育舆情事件发生场所分析

注：统计时将非场所属性的舆情事件排除，例如《校车安全管理条例》出台、国家财政性教育经费投入达到 GDP 的 4% 等。

数据统计结果显示，学校教育舆情事件的主要类型有：教学管理、教师言行、教育腐败、教育管理体制和非正常死亡。值得一提的是，非正常死亡类的事件发生较多，需要特别注意。占比最大的非正常死亡事件是学生自杀，其次是校园伤害致死事件。

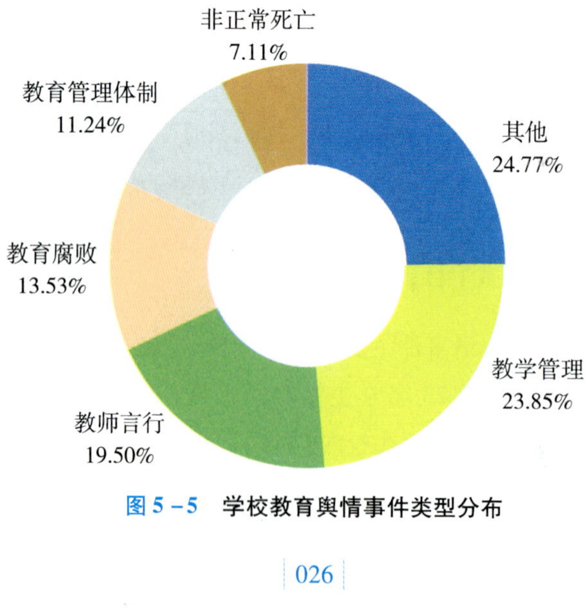

图 5－5　学校教育舆情事件类型分布

社会教育舆情事件的主要类型是：毕业就业、教育管理体制、学生言行、非正常死亡和教师言行。毕业就业是学生从学校跨入社会的第一步，在这一环节，就业歧视类的事件首当其冲，例如大学生拼爹、萝卜招聘、性别歧视等；其次是涉及大学生村官的事件，作为较为特殊的群体，大学生村官的一举一动往往引发外界的强烈关注。2012 年受媒体关注的大学生村官事件有陕北女大学生家族投入数百万连任女农官、大学生村官破格录用等。另外，教育管理体制类的事件较多，主要涉及异地高考，例如上海女孩占海特就异地高考约辩等。

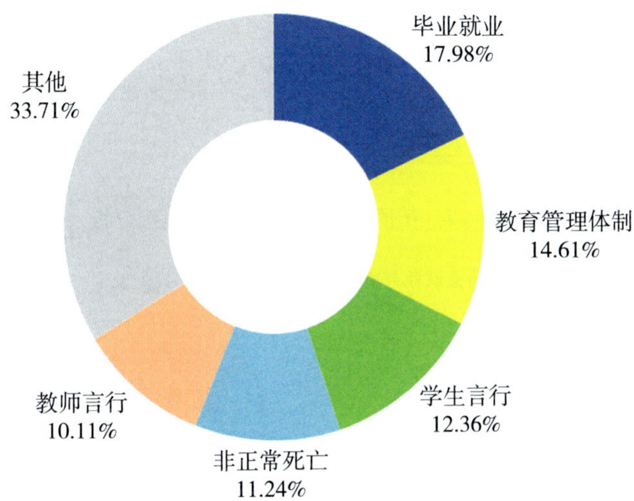

图 5－6　社会教育舆情事件类型分布

通过发生在学校内和发生在社会上的教育舆情事件数量对比可知，教师言行、教育管理体制、非正常死亡类型的事件比较突出。毕业就业类的事件在社会上发生的数量高于学校内，学校内主要是招生实习，社会上更多是就业歧视。值得注意的是，学生言行类事件在社会上发生的数量较整体而言比较突出，主要发生在大学生群体中，这一人群思想活跃，行动积极，所在环境氛围较为轻松。2012 年突出的事件有警校学生为救卧轨者断肢、女大学生戒指换大楼等。

发生在家庭中的教育舆情事件数量较少，如图 5－7 所示，类型分布差别不明显，教师言行和非正常死亡类事件数量略多，在此不做详细解析。

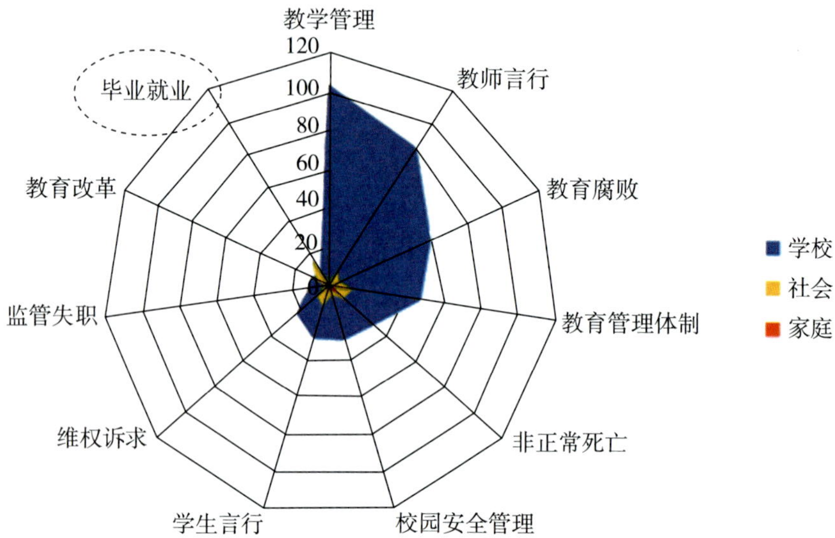

图 5－7　不同场所教育舆情事件类型分析

注：图中虚线框圈定的毕业就业类舆情事件在三个场所均较少发生。

- **城市教育舆情事件多于农村**

2012 年教育舆情事件主要发生在城市，主要是因为城市地区经济发达、人口密集、学校众多、媒体行业发达。2012 年城市地区的教育舆情事件较为多元，多属以下几类：教育管理、教师言行、教育腐败、非正常死亡、教育管理体制和学生言行。农村地区的教育舆情事件相对较少，多属以下几类：教师言行、教育腐败、非正常死亡、毕业就业、教育管理体制和校园安全管理。

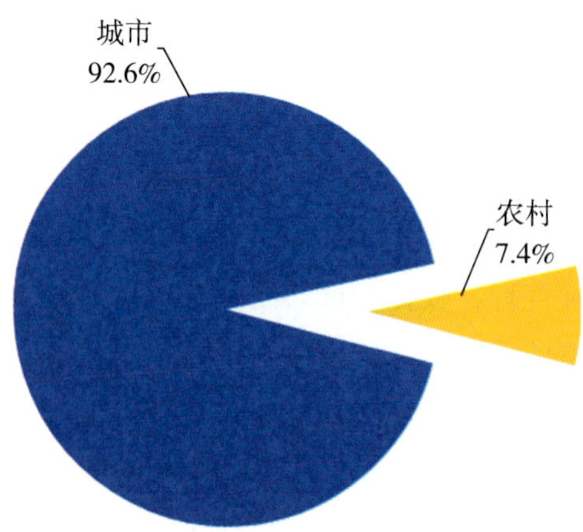

图 5－8　教育舆情事件城乡分布

我国农村人口数量占到全国人口总数的70%，农村教育问题是影响整个国家教育发展水平的关键所在。农村地区由于基础设施薄弱，师资流失严重，教育财力不足，教育经费支出结构不合理，出现了一系列教育问题，2012年农村地区的教育舆情事件多由此引发。

图5－9显示，与农村地区相比，城市地区的教学管理和学生言行问题更为突出。当然，这也可能反映出人们对农村地区教学管理和学生言行问题的关注不够。教师言行和教育腐败问题是城乡教育面临的共同问题。

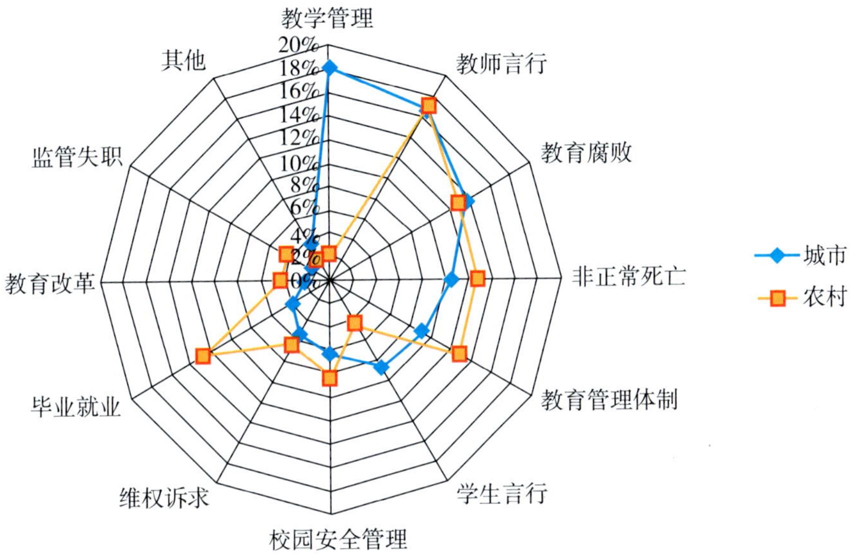

图5－9　城乡教育舆情事件类型分析

与城市地区相比，农村地区发生的非正常死亡和校园安全管理类舆情事件所占比重较大，主要有校车事故、食物中毒、意外伤害三种，例如江西校车落水、陕西一荷载8学生面包车坠河导致2死6伤、贵州毕节流浪儿童取暖致死、农村女生遭到性侵等，说明农村地区学生安全问题有待进一步予以重视和解决。农村地区的毕业就业类事件主要是大学生任职村官。农村教育管理体制类事件主要是农民工子女入学难和农村撤点并校所带来的问题等。

6. 最容易出现教育舆情事件的主体

2012 年全年影响力较大的 684 起教育舆情事件中，学校、学生和教师是最主要的三类事件主体，分别涉及 235 起、193 起和 151 起事件。

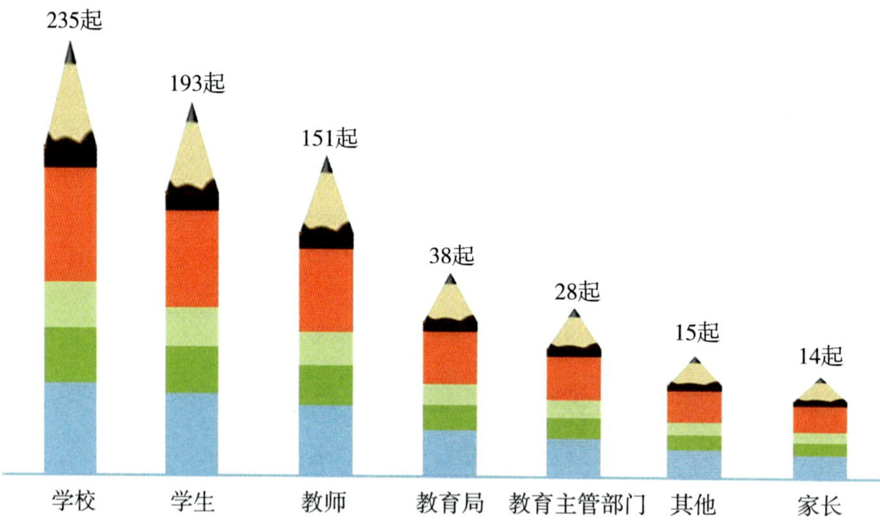

图 6－1　教育舆情事件主体的主要类型

在以学校为舆情主体的 235 起教育舆情事件中，教学管理、教育腐败和教育管理体制是最为突出的三种舆情事件类型，分别涉及 62 起、56 起和 30 起事件，占比分别为 26.3%、23.8% 和 12.7%。

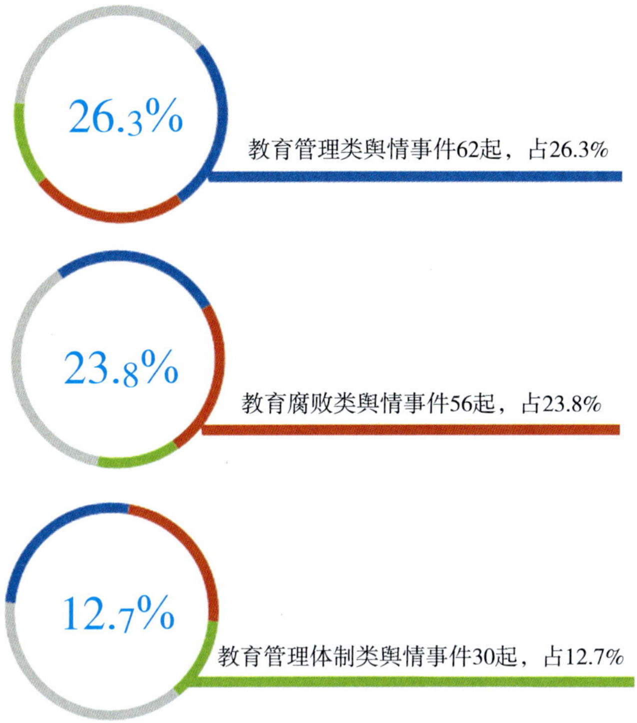

图 6－2　学校舆情事件的主要类型

在以学生为舆情主体的 193 起教育舆情事件中，学生言行、非正常死亡和维权诉求是最为突出的三大舆情事件类型，分别涉及 61 起、51 起和 17 起事件，占比分别为 31. 6%、26. 4% 和 8. 8%。

学生言行类事件中，正面的有 8 起，占此类事件的 13. 1%，主要是公益行动和见义勇为等，如女大学生 23 天戒指换大楼为山区孩子建梦想小学，河南 15 名大学生携手下河救人其中仅 1 人会游泳，中学生撞车后留字条致歉诚信感动车主。负面的有 35 起，主要是学生因学习压力大而自杀或杀人，因为恋爱受挫而伤人、杀人，如高二学生不堪压力用哑铃砸死母亲称不后悔，合肥少女拒绝求爱被毁容，浙江一大学生为“冰封爱情”掐死 17 岁女友等。争议性的有 18 起，如高校现“自杀式”毕业照，学生以火灾为背景拍毕业照，媒体调查称两成小学生承认“早恋”引热议等。非正常死亡类事件中，意外事故、自杀和交通事故是三大主要类型，分别有 16

起、15起和7起事件。意外事故事件中，8起为溺水而亡。维权诉求类事件包括占海特就异地高考约辩被斥为“蝗虫”、大学生抗议公务员妇检、大学生追问陕西“微笑局长”工资将提起行政诉讼等。

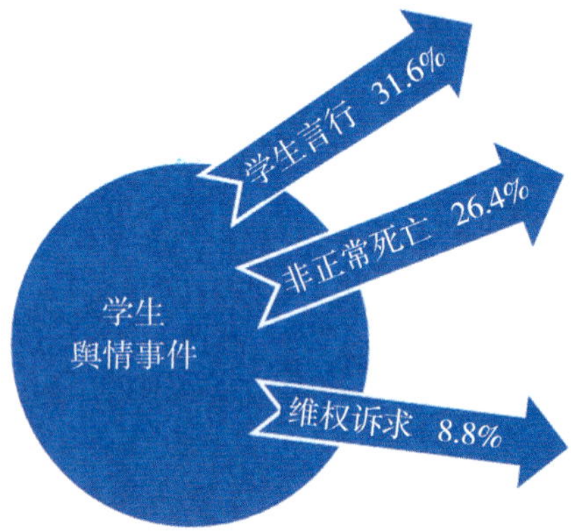

图6－3　学生舆情事件的主要类型

在以教师为舆情主体的151起教育舆情事件中，教师言行、教育腐败和教学管理是最为突出的三大舆情事件类型，分别涉及95起、19起和9起事件，占比分别为62.9%、12.5%和5.9%。

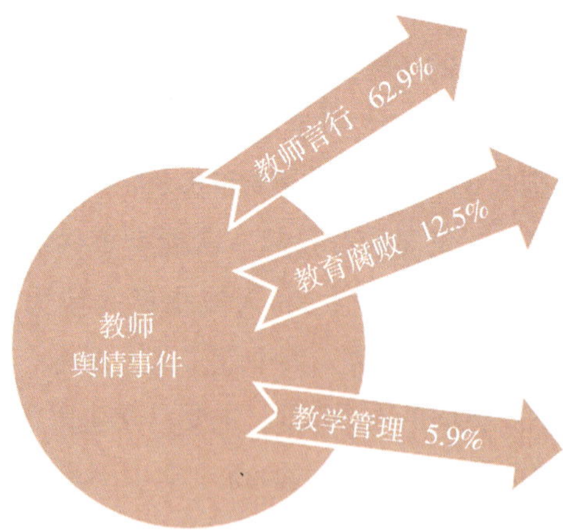

图6－4　教师舆情事件的主要类型

教师言行类事件中，正面的有9起，占此类事件的9.4%，如最美教师张丽莉舍己救人、大学教授绝食抗议病死猪、为家境困难学生义务补课退休教师愿再教20年。争议性的有23起，占此类事件的24.2%，如哈工大教授称文科贻害社会，北大校长下跪为母祝寿，幼儿女教师上电视节目大跳钢管舞等。负面的有63起，占此类事件的66.4%，如浙江温岭虐童，浙江乐清一中学副校长夜闯宿舍乱摸女生被免职，北大教授称成人喝三聚氰胺没事因人类排毒能力强等。

7. 最容易出现教育舆情事件的领域

如图 7－1 所示，义务教育领域舆情事件最多，高达 266 起，占总量的 38.9%；其次是高等教育领域，发生 243 起，占总量的 35.5%；高中阶段教育领域位居第三，有 83 起。学前教育、职业教育领域事件数量较少。

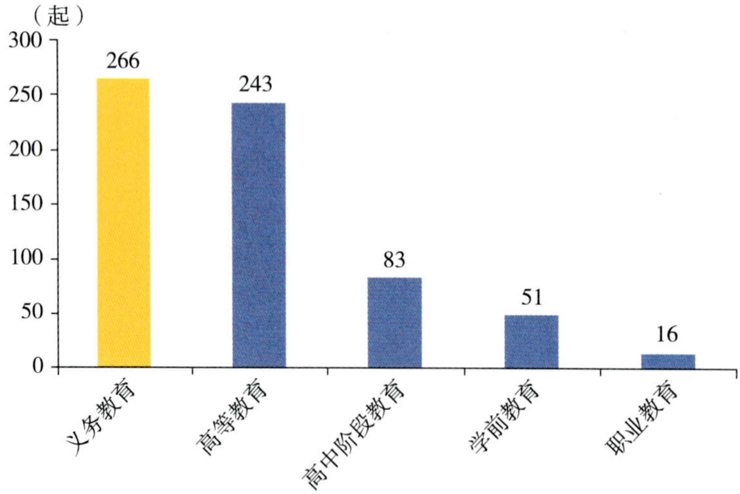

图 7－1 2012 年教育舆情事件领域分布排行

图7－2是对各领域教育舆情事件的调性分析，由图可知：

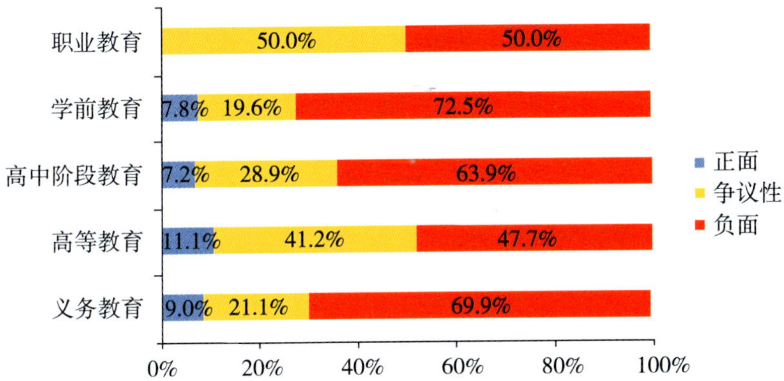

图7－2　各领域教育舆情事件调性分析

负面舆情方面，职业教育领域舆情事件均为负面的或争议性的，学前教育领域、义务教育领域和高中阶段教育领域的负面舆情事件比例分别为72.5%、69.9%和63.9%，高等教育领域的负面舆情事件占比最低，为47.7%。

正面舆情方面，高等教育领域以11.1%的正面舆情事件比例高居第一，义务教育领域以9.0%居第二，学前教育领域和高中阶段教育领域分别以7.8%和7.2%居于第三、第四，职业教育领域无正面舆情事件。

争议性舆情方面，职业教育领域争议性舆情事件占比最高，达50.0%；其次是高等教育领域，占比为41.2%；第三是高中阶段教育领域，占比为28.9%。

图7－3显示：在义务教育领域，教师言行、教育腐败和教育管理体制三方面的舆情事件最为突出；在高等教育领域，舆情事件主要集中在学生言行、教师言行和教学管理三个类型上；在高中阶段教育领域，教学管理、教育腐败和非正常死亡类型的事件数量位居前三；在学前教育领域，教师言行、教育腐败和校园安全管理类型的事件数量最多；在职业教育领域，主要是教学管理和非正常死亡两类事件。

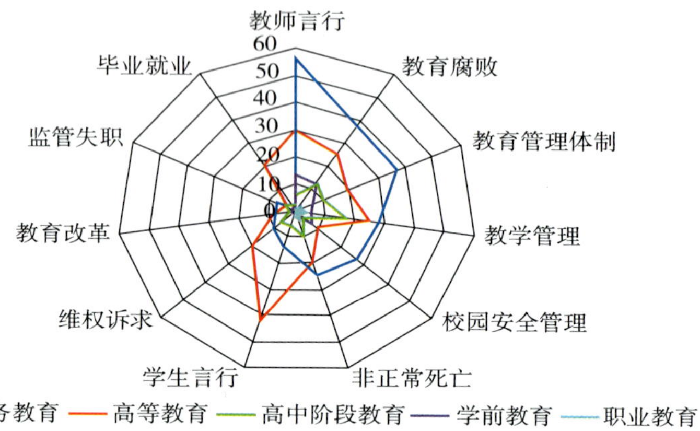

图 7－3　各领域教育舆情事件类型分析

如图 7－4 所示，义务教育领域的教师言行类事件中，体罚学生的占 44.6%，居于首位，性侵和猥亵学生的各占 9.8%。教育腐败类事件主要集中在乱收费、贪腐和行政腐败上，分别占此类事件的 54.1%、10.8% 和 7.8%。教育管理体制类事件中，择校占比最高，为 13.5%，农民工子女入学、违规补课分别占 8.2% 和 5.4%。

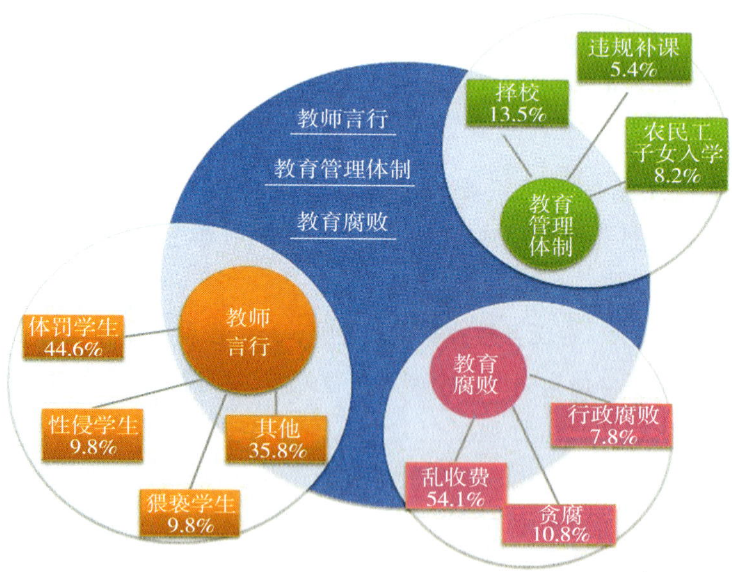

图 7－4　义务教育领域舆情事件类型分布

如图7－5所示，在高等教育领域，学生言行类事件最为突出，其中占比最高的是学生犯罪，为19%，见义勇为和不当言行的比例各为11.9%；教师言行类事件中，教育理念方面的问题最多，比例为16.7%；教学管理类事件中，规章制度方面的争议占16%。

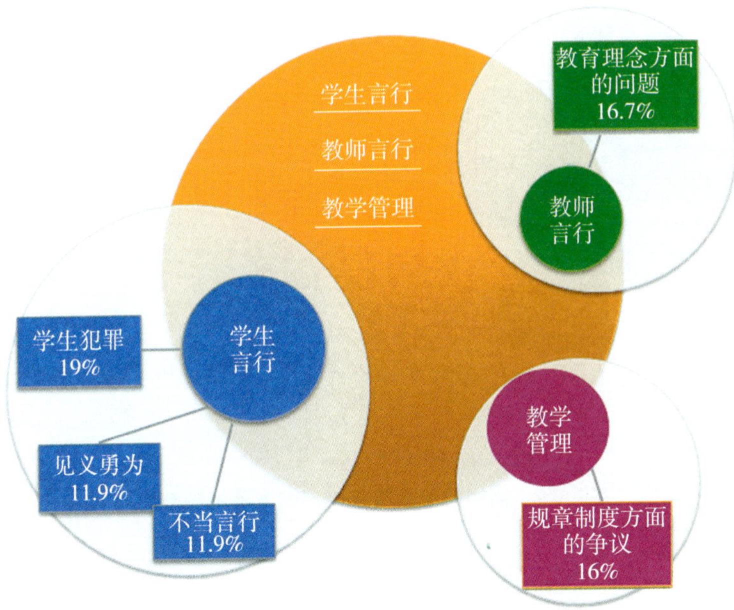

图7－5　高等教育领域舆情事件类型分布

如图7－6所示，在高中阶段教育领域，教学管理、教育腐败和非正常死亡类事件的比例分别位居前三。进一步分析显示：违规补课以29.4%的比例在教学管理类型中占据第一位；教育腐败类型中乱收费最为典型，以33.3%的比例高居首位；非正常死亡类型中，自杀占40%，意外事故和交通事故各占30%。

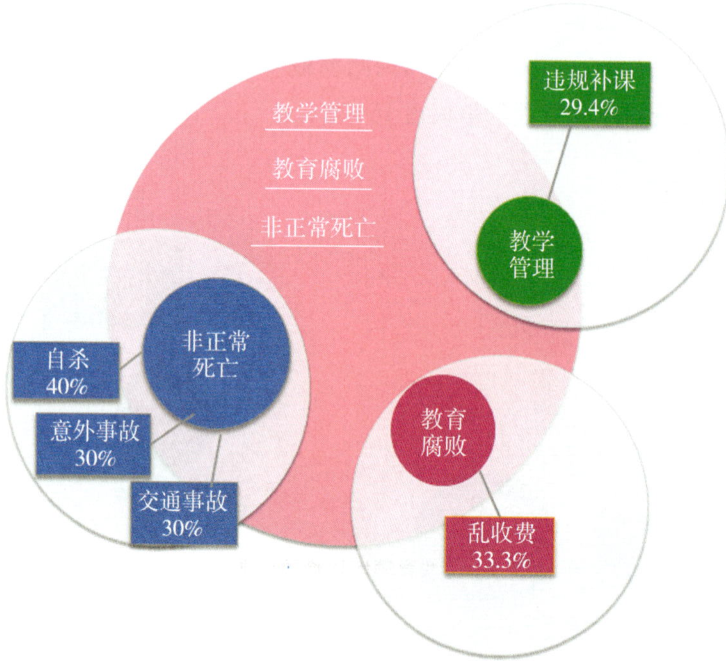

图 7－6　高中阶段教育领域舆情事件类型分布

如图 7－7 所示，在学前教育领域，教师言行、教育腐败和校园安全管理类型的事件发生数量最多。教师言行类事件中，虐童事件的比例高达 79.9%；教育腐败类事件中，乱收费问题最为突出，占 75%；校园安全管理类事件主要有三种，其中校车安全占 42.9%，食品安全占 28.6%，猥亵幼儿占 28.5%。

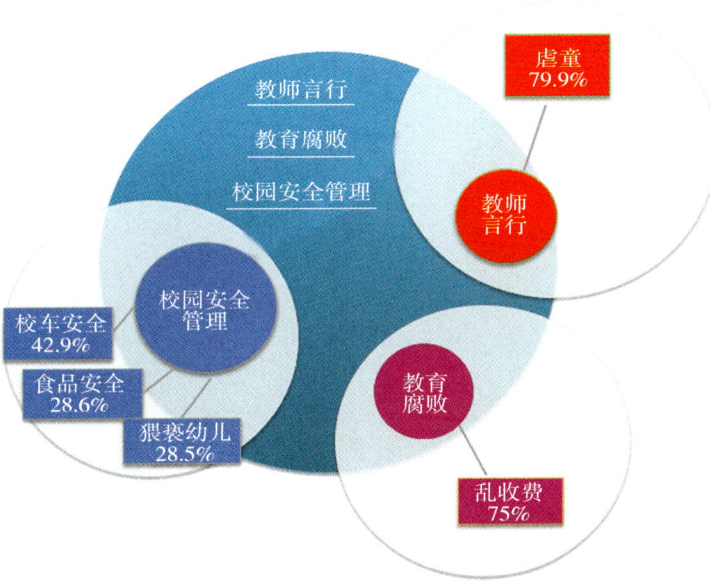

图7－7　学前教育领域舆情事件类型分布

如图7－8所示，在职业教育领域，教学管理和非正常死亡类事件最为突出。教学管理类事件中，学校招生实习方面出现的问题最多，比例高达75%。非正常死亡类事件中，意外事故占50%，自杀和交通事故各占25%。

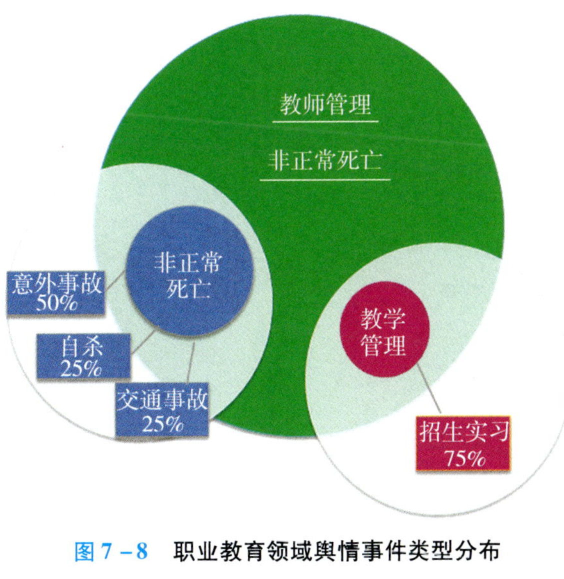

图7－8　职业教育领域舆情事件类型分布

8. 教育舆情事件正负面比例

2012年教育舆情事件中负面事件占比高达60.38%，争议性事件占比为29.82%，正面事件占比为9.8%。在负面舆情事件中，教育腐败和教师言行类事件最为突出，其中教育腐败类事件共77起，在负面事件中的占比高达18.64%。

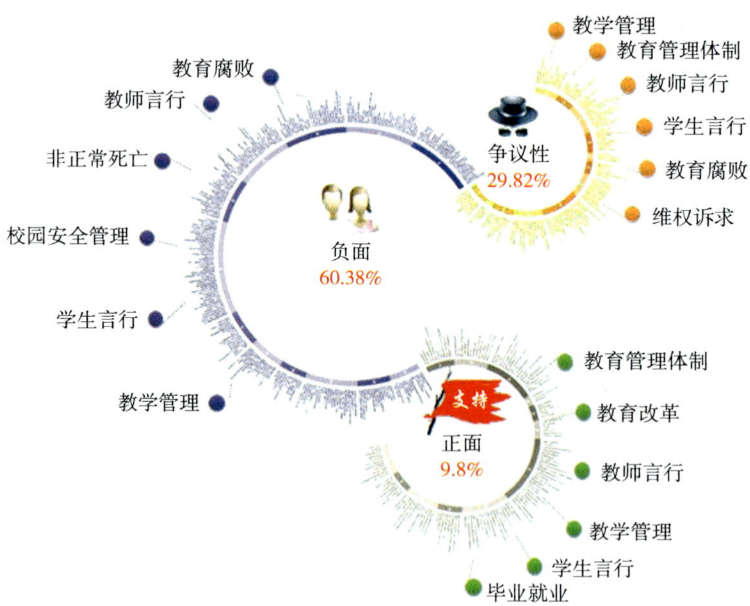

图8－1　教育舆情事件正负面比例

• 负面舆情事件类型分布

2012 年教育舆情事件中，教学腐败是负面舆情事件高发类型，其次是教师言行，如西安一重点中学女校长挪用 200 万择校费给自己买房、衡阳“黄金大米”试验等。

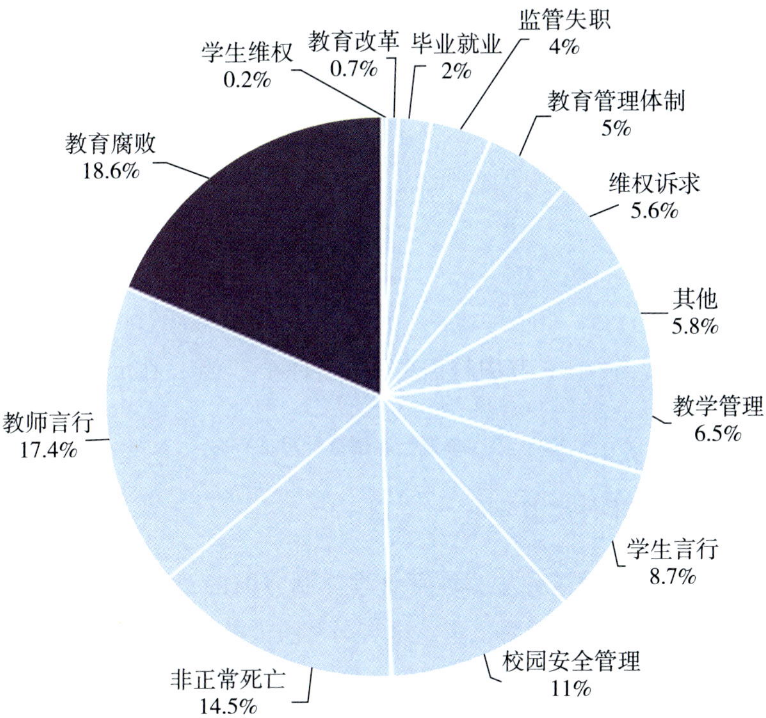

图 8－2　负面舆情事件类型分布

• 争议性舆情事件类型分布

2012 年教育舆情事件中，教学管理是争议性舆情事件高发类型，占到了总体的五分之一强，其次是教育管理体制，如提醒女生防“狼”手册引发热议，莫言作品速进语文教材是否适合中学生，长沙小学课堂教学推广 iPad 引质疑等。

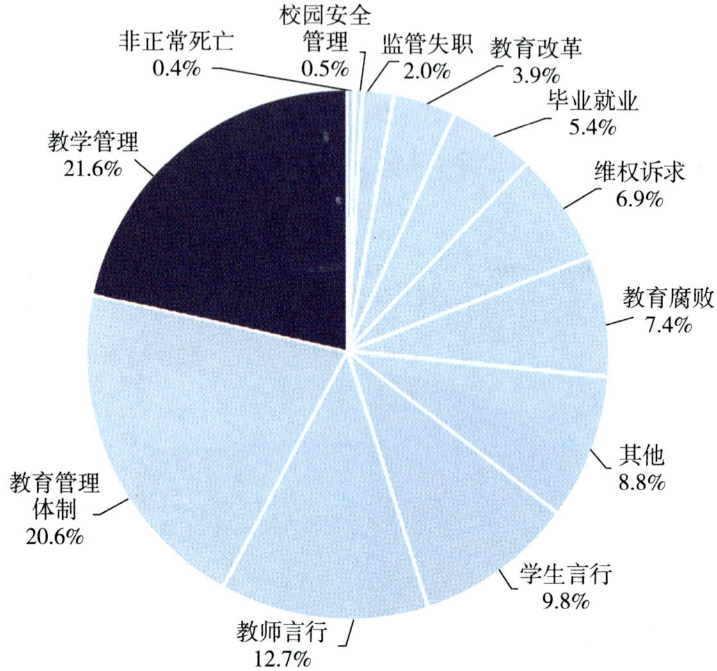

图 8－3　争议性舆情事件类型分布

- **正面舆情事件类型分布**

2012 年教育舆情事件中，教育管理体制方面的正面舆情事件占比最高，为 22. 4%，其次是教育改革。这与国家积极推出的各项教育政策密不可分，如限制择校、零择校、京沪率先打破教师资格终身制等。

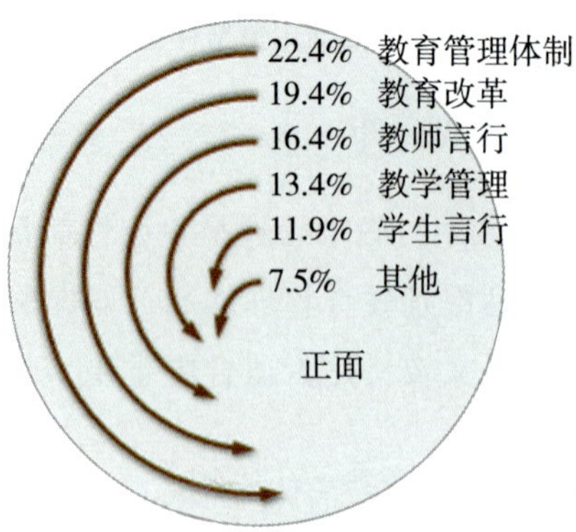

图 8－4　正面舆情事件类型分布

9. 影响时间最长的教育舆情事件

每个舆论话题都有一定的兴趣周期，网民对于舆情事件感兴趣的时间长短各异，所以不同的舆情事件的持续时间不同。舆情事件的持续时间包括出现期、发展期、高潮期和消退期四个阶段。

图 9 – 1 中舆情事件的热度是根据事件首次曝出后在网络新闻、微博、论坛、博客中的信息量，媒体报道文章数，以及网民的网页点击数、网页搜索数、网络讨论数的综合加权得出的结果。开放异地高考是全年影响时间最长的教育舆情事件，从 2012 年年初持续到年底，多省（区、市）公

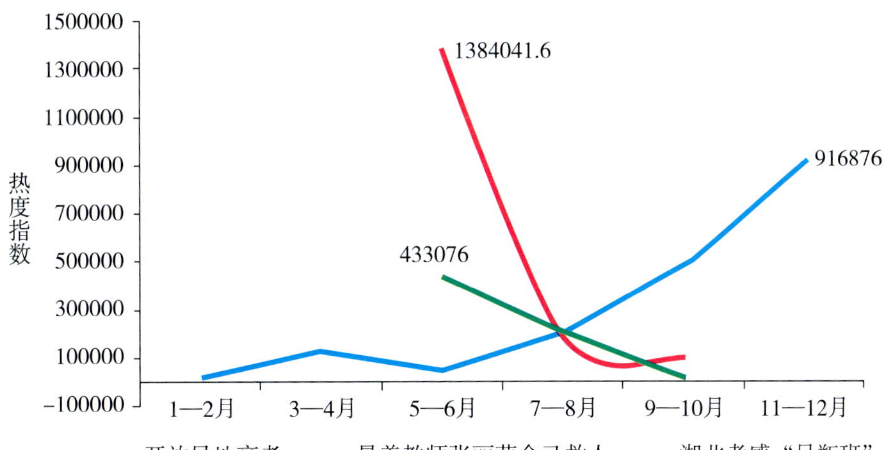

图 9 – 1　影响时间排名前三位的教育舆情事件走势

布的异地高考方案引发热议。其次是最美教师张丽莉舍己救人事件，共持续5个月。湖北孝感“吊瓶班”事件持续近4个月。

根据2012年热点教育舆情事件监测分析，计算出2012年舆情事件的网络持续时间平均为24.7天，不到4周。表9-1为热点教育舆情事件的持续时间表。

表9-1　2012年影响时间排名前十位的教育舆情事件持续时间及原因

事件	总体持续时间	持续天数	持续时间长的原因
开放异地高考	全　年	366	关乎全社会的教育公平问题，涉及地方财政、城市管理、社会保障、医疗交通等多方面问题，因此持续成为热点事件。
最美教师张丽莉舍己救人	5月8日—10月20日	166	作为2012年典型正面舆情事件，体现了人性的光辉。主流媒体大量宣传报道，微博、论坛热议不止。
考研泄题	1月10日—5月11日	121	有多个舆情热度高峰。虽然事件发生在1月，但3月被再次曝光后舆情热度达到最高。事件处理时间较长，直到5月上旬才最终公布责任人处理结果。种种原因导致事件持续时间较长。
湖北孝感“吊瓶班”	5月5日—8月31日	119	该事件于5月首曝，而8月底的后续报道再度引发热议。这两个舆情热度高峰相隔的时间较长，所以事件的持续时间也相对较长。
邹恒甫微博事件	8月20日—9月30日	41	经济学者邹恒甫微博炮轰北大，由于涉及高校的名誉权，北大开展调查直至起诉邹恒甫的全过程，吸引了社会各界的关注。
青岛女生坠亡	11月1日—12月7日	37	校方在事情曝光后推诿责任，态度蛮横，受到媒体和网民的谴责，之后才改变态度处理该事件。事件整个处理过程约为1个月。

续表

事件	总体持续时间	持续天数	持续时间长的原因
营养午餐缩水	10 月 30 日—11 月 30 日	31	2011 年免费午餐项目由微博发起，而 2012 年营养午餐缩水事件也由微博曝出。大量网民参与讨论，延长了事件的持续时间。
浙江温岭虐童	10 月 24 日—11 月 22 日	30	该事件首发即在微博，继而被网民大量转发，影响力极大，传播速度极快。由于事件影响恶劣，所以媒体和网民都积极关注事件发展进程。

注：在计算舆情事件持续时间时，由于开放异地高考、最美教师张丽莉舍己救人、湖北孝感“吊瓶班”、考研泄题 4 起事件均有两个及以上的热度高峰，而且在所有事件中仅有这 4 起事件的持续时间超过 3 个月，所以没有将它们作为计算平均值的数据，以减小统计偏差。

从表 9－1 的原因分析中可发现，影响舆情事件持续时间的主要因素包括：事件自身发展进程较长；微博推动；事件相关责任人回应不及时或有拖延；政府或相关机构推动。

图 9－2　教育舆情事件持续时间影响因素分析

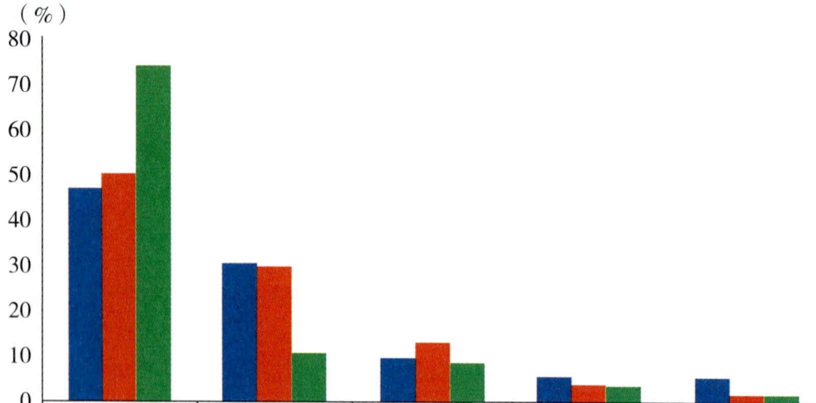

	1—15天	16—30天	31—45天	46—60天	60天以上
2012年	47	31	10	6	6
2011年	50	30	13	5	2
2010年	74	11	9	4	2

图 9－3　2010 年、2011 年与 2012 年教育舆情事件持续时间对比

从图 9－3 可以看出，将近 50% 的舆情事件持续时间为 1—15 天，约 30% 的舆情事件持续时间为 16—30 天，也就是说，近八成的舆情事件持续时间在 1 个月以内。而持续时间超过 1 个月的事件大多是因为有新的影响因素介入。

对比 2011 年和 2010 年的情况可以看出，2012 年长时间持续的舆情事件比例比前两年有所增加。这说明，微博等新媒体的出现和普及延长了舆情事件的持续时间，人们不仅可以借助微博等新媒体在第一时间了解舆情信息，更能够通过各种媒介搜集舆情事件相关信息并在短时间内迅速传播。在这种传播方式下，一起舆情事件不断牵扯出多起事件及多个讨论点，或者同一类型的舆情事件再度发生后，之前的类似事件被再次提及、讨论、对比。这样，事件的持续周期无形中被延长，热议的持续时间也同样被延长。

10. 影响范围最广的教育舆情事件

表 10－1 列出了 2012 年影响范围最广的教育舆情事件，这些教育舆情事件涉及的政府机构、省份广泛，影响的教育群体广泛。

表 10－1　2012 年影响范围最广的教育舆情事件

教育舆情事件		影响范围
	开放异地高考	多省（区、市）相继公布异地高考方案
	考研泄题	英语 1 卷泄题影响了全国的考研学生
	国家财政性教育经费投入达到 GDP 的 4%	各省（区、市）加大教育投入力度并最终实现国家财政性教育经费投入达到 GDP 4% 的目标
	限制择校，零择校	多地规定要严格限制择校

续表

教育舆情事件		影响范围
	国家扶贫定向招生专项计划	多省（区、市）贫困学生因为该计划实现了上大学的理想
	高校取消长跑	多地高校取消长跑
	《校车安全管理条例》出台	涉及众多政府机构，由国务院部署
	“中国式”接送	“中国式××”引发的多角度思考

图 10－1 显示，异地高考事件的地域影响力，按强弱排列，前五位依次为北京、上海、广东、山东、黑龙江。

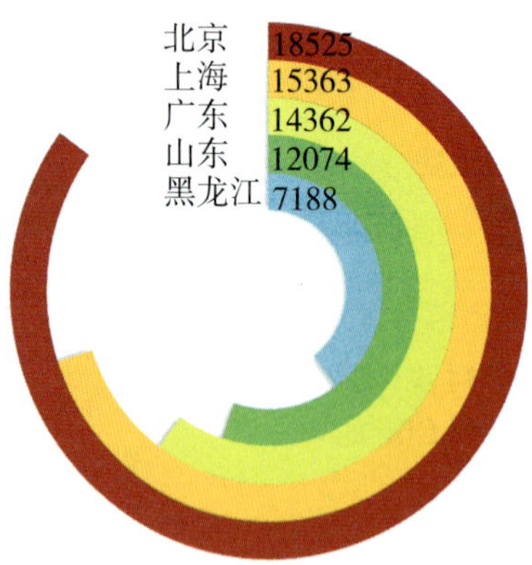

图 10－1　异地高考事件地域影响力分析

注：舆情事件的地域影响力根据事件首次曝出后在各网络平台上的综合舆情热度指数推算得出。图中的数字代表舆情事件的热度指数。

图 10－2 显示，考研泄题事件的地域影响力，按强弱排列，前五位依次为湖南、贵州、广东、北京、上海。

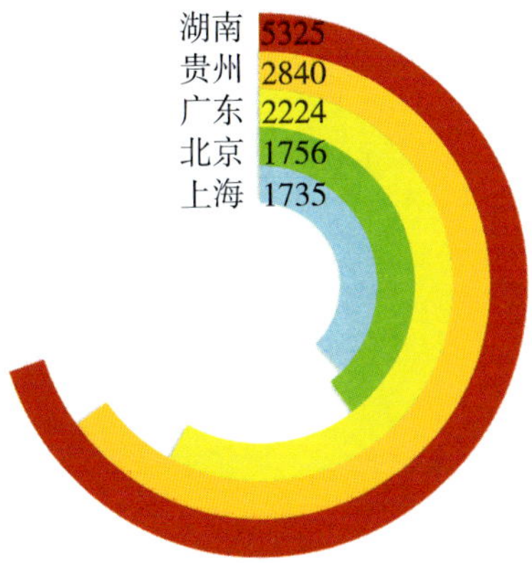

图 10－2　考研泄题事件地域影响力分析

注：舆情事件的地域影响力根据事件首次曝出后在各网络平台上的综合舆情热度指数推算得出。图中的数字代表舆情事件的热度指数。

图 10－3 显示，国家财政性教育经费投入达到 GDP 4% 的地域影响力，按强弱排列，前五位依次为北京、广东、浙江、上海、江苏。

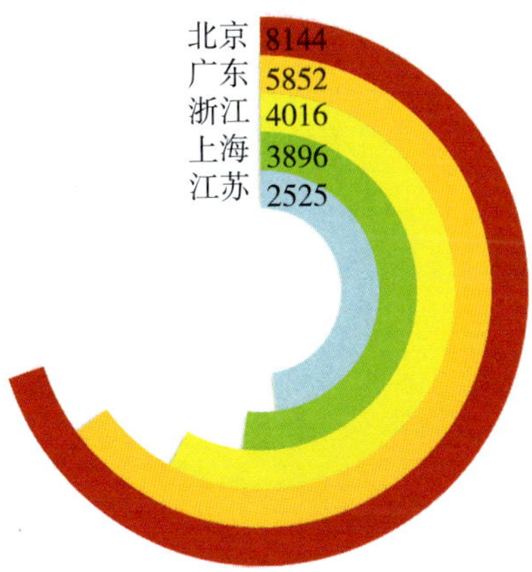

图 10－3　国家财政性教育经费投入达到 GDP 4%的地域影响力分析

注：舆情事件的地域影响力根据事件首次曝出后在各网络平台上的综合舆情热度指数推算得出。图中的数字代表舆情事件的热度指数。

图 10 - 4 显示，限制择校事件的地域影响力，按强弱排列，前五位依次为山东、浙江、北京、广东、内蒙古。

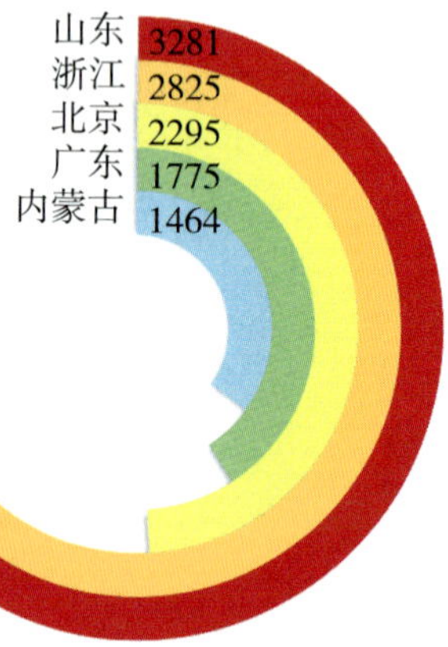

图 10 - 4　限制择校事件地域影响力分析

注：舆情事件的地域影响力根据事件首次曝出后在各网络平台上的综合舆情热度指数推算得出。图中的数字代表舆情事件的热度指数。

图 10 - 5 显示，国家扶贫定向招生专项计划的地域影响力，按强弱排列，前五位依次为宁夏、河南、甘肃、安徽、湖北。

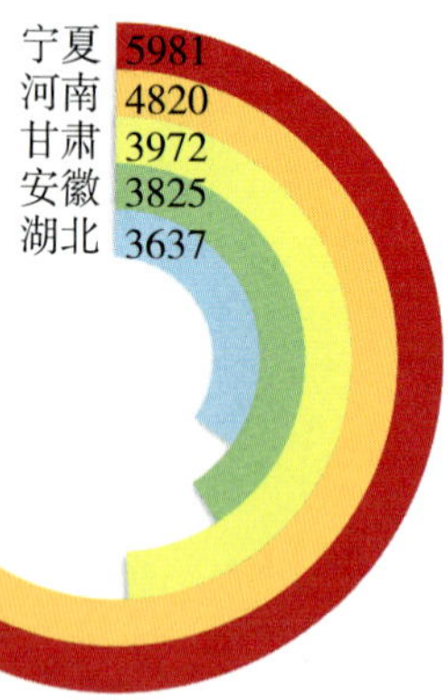

图 10 - 5　国家扶贫定向招生专项计划地域影响力分析

注：舆情事件的地域影响力根据事件首次曝出后在各网络平台上的综合舆情热度指数推算得出。图中的数字代表舆情事件的热度指数。

图 10－6 显示，高校取消长跑事件的地域影响力，按强弱排列，前五位依次为陕西、湖北、广东、江苏、北京。

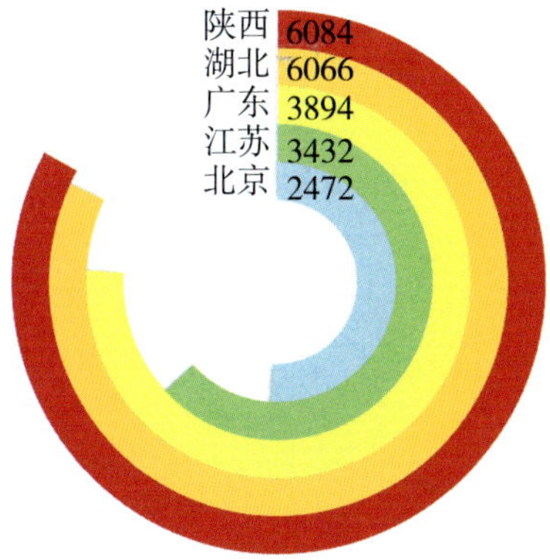

图 10－6　高校取消长跑事件地域影响力分析

注：舆情事件的地域影响力根据事件首次曝出后在各网络平台上的综合舆情热度指数推算得出。图中的数字代表舆情事件的热度指数。

图 10－7 显示，《校车安全管理条例》出台事件的地域影响力，按强弱排列，前五位依次为甘肃、北京、广东、山东、江苏。

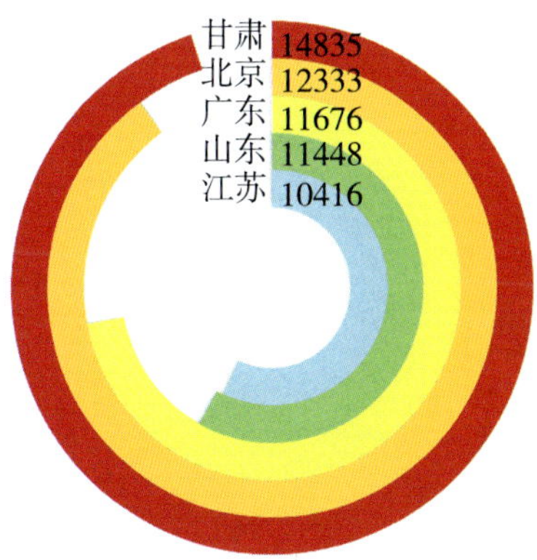

图 10－7　《校车安全管理条例》出台事件地域影响力分析

注：舆情事件的地域影响力根据事件首次曝出后在各网络平台上的综合舆情热度指数推算得出。图中的数字代表舆情事件的热度指数。

图 10－8 显示，“中国式”接送事件的地域影响力，按强弱排列，前五位依次为河南、北京、上海、江苏、山东。

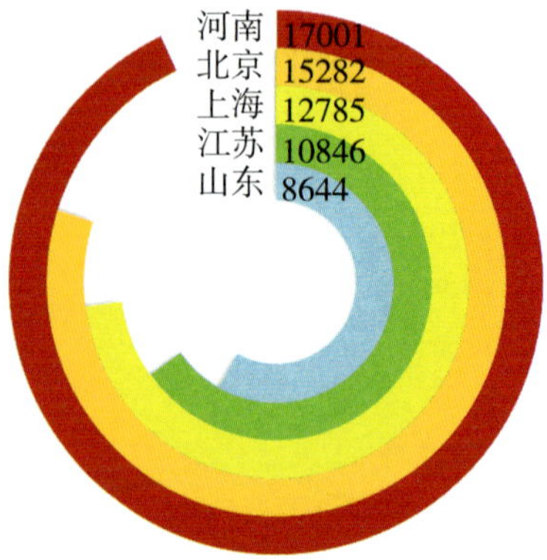

图 10－8　“中国式”接送事件地域影响力分析

注：舆情事件的地域影响力根据事件首次曝出后在各网络平台上的综合舆情热度指数推算得出。图中的数字代表舆情事件的热度指数。

11. 周期性教育舆情事件

周期性舆情事件呈现出周而复始、循环往复的特点，即舆情的产生、发展演变、消失、再产生出现周期性和规律性的重复。这种周期一般以学期为单位，这与学校学生流动的特点及教育管理的规律相适应。周期性的舆情事件多围绕教学管理、教育乱收费、毕业就业等主题展开。

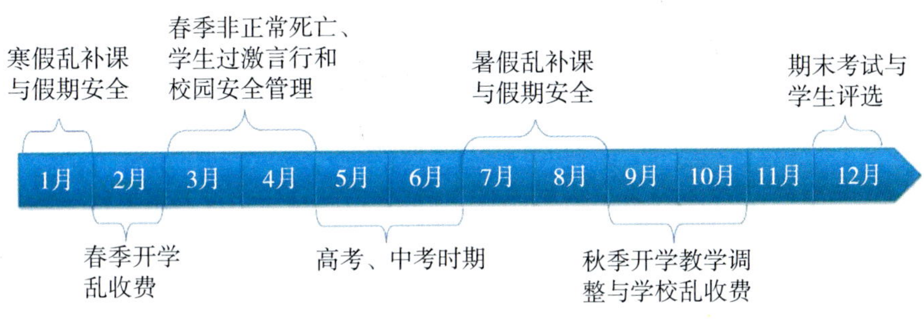

图 11－1　周期性教育舆情事件时间轴

- **教师言行类事件分布**

2012 年发生数量最多的舆情事件类型是教师言行，贯穿全年，除 2 月、3 月较少外，其他各月相应舆情事件频发。例如：5 月最美教师张丽莉舍己救人事件，8 月邹恒甫微博事件，12 月浙江副校长“乱摸门”事件。

值得一提的是，10 月共爆出 15 起教师言行类事件，典型事件如浙江温岭虐童、宾阳县初中校长“艳照门”、“被实习”等。10 月中旬的浙江温岭虐童事件自微博爆出后，引发全国多起虐童、体罚学生事件的曝光。

- **乱补课与假期安全**

乱补课与假期安全问题主要发生在寒暑假期间及假期前后，1 月、7 月和 8 月正值假期，学生假期安全问题及违规补习事件数量猛增。例如，沈阳跨地补课事件，河南 15 名大学生携手下河救人事件等。此外，假期前后的期末复习考试、期末学生评比、考试压力、考试成绩等也会引发不同的教育舆情事件。例如，校长请“非尖子生”吃饭，教师按小学生成绩分类布置暑假作业遭质疑等，诸如此类不胜枚举。

- **学校乱收费与开学教学调整**

春季开学时，教育管理体制和教育腐败两类舆情事件多发，主要围绕新学期收费、教师教学、学生陆续返校等。2 月下旬这两类舆情事件比较集中，共发生 26 起。在这两类事件中，教育乱收费或治理乱收费相关舆情事件占比超过 70%。

秋季开学时节，学生在网络上的言论也十分活跃，舆情事件数量不断增加，教学管理、教育腐败两类舆情事件再次成为高发事件，9 月和 10 月共发生 54 起，占这两个月舆情事件数量的 37.24%。开学后，各学校制定新的教学方案，教学管理类事件共发生 30 起，占这两个月舆情事件数量的 20.69%。开学乱收费等教育腐败类事件共发生 24 起，占这两个月事件数量的 16.55%。

- **非正常死亡、学生过激言行与校园安全管理**

春季到来，大地回暖，学生经历春节，身心还未完全投入到学习中，加之春季人体内分泌系统较为活跃，易激动和发怒，因此非正常死亡、学生过激言行以及校园安全管理类舆情事件最为突出。3 月发生的校园内死亡、暴力事件共 25 起，占当月舆情事件数量的 52.08%。其中，学生犯罪有 7 起，学生打架斗殴有 2 起，意外事件发生 5 起，多为学生被杀或突发疾病死亡，自杀事件发生 4 起。所以，春季学校要特别加强对学生心理健康的辅导，加强校园安全管理，减少学生死亡、学生伤害、学生犯罪类事件的发生。而校园安全管理引发的舆情事件中，超过七成为食品安全问题，如多地学生出现食物中毒现象并有学生反映学校食堂使用地沟油等。

- **教育管理体制与教育腐败**

5 月和 6 月的舆情事件大多与高考、中考以及学生升学毕业有关，相关事件占到了这两个月舆情事件数量的 40%，替考作弊、延误发卷、提前收卷、考前自杀、毕业季毕业照等事件屡屡发生。譬如，5 月发生的湖北孝感“吊瓶班”事件引发网友对高三学生备考的激烈讨论，高考、应试教育等教育制度问题再次成为热议话题。此外，教育腐败类事件频发，主要为学术腐败，大学教师论文造假、湖南高校职称评委“开房收钱”是其中影响力最大的事件。

图 11－2　2012 年周期性教育舆情事件分析

- **周期性教育舆情事件的应对**

正如周期性舆情事件的定义所示，周期性舆情事件有自身的规律性特征，所以是可预警、可防范、可应对的。

（1）总结掌握周期性舆情事件的时间规律

通过对2012年全年周期性舆情事件的分析，可得出周期性舆情事件发生的时间规律。从时间维度来看，1月的寒假以及7月、8月的暑假易发生违规补课、异地补课、有偿家教以及意外伤害等教学管理和非正常死亡类舆情事件。2月和9月为学校开学季，除教育管理类舆情事件外，乱收费的问题较多。3月进入春季，学生情绪易激动，学生犯罪、自杀事件及打架斗殴等校园暴力事件高发。4月和5月临近高考、中考，容易发生差生被劝放弃高考、中考的舆情事件，这与提高升学率有关。6月由于进入毕业季，超过40%的舆情事件都与高考、毕业相关，如高考替考、高考作弊、高考移民、提前收卷、考前自杀、校长毕业发言、谢师宴、毕业照等。

（2）提前做好周期性舆情事件的预案

基于对周期性舆情事件规律的总结，各部门要提前做好预案，在可能的舆情事件发生之前，由教育主管部门提前对相关教育机构发出警示，避免重复犯错。放假之前，学校统一对学生进行安全教育，普及安全自救方法，以备不时之需。同时，提前对教师下达关于假期补课的通知，并明确告知教师违规补课的严重性以及将要承担的责任。开学前后，教育监管部门要严格查处教育乱收费，保障学生的权益。春季要加强对学生的心理辅导，安排心理教师为学生排忧解难，减轻考试、学习压力。考试期间，对篡改志愿、提前收卷、替考作弊等违规行为要做出严肃的处理，消灭不正之风，确保考试的公正性。与此同时，对于一些规律性舆情事件，可以通过制度创新的方式未雨绸缪，从根本上解决问题。比如，2012年全国发生了多起虐童事件，包括幼儿园教师、门卫、保安猥亵女童等，为了规避类似事件对幼儿的伤害，上海教育部门规定幼师入职前要进行心理测试，这一举措就很值得鼓励和提倡。通过心理测试对可能有恋童癖及暴力、虐待倾向的幼师进行甄别，降低其混入教师队伍的可能性，对于幼儿是一种制度性保护，效果远胜于运动式整风。

12. 突发性教育舆情事件

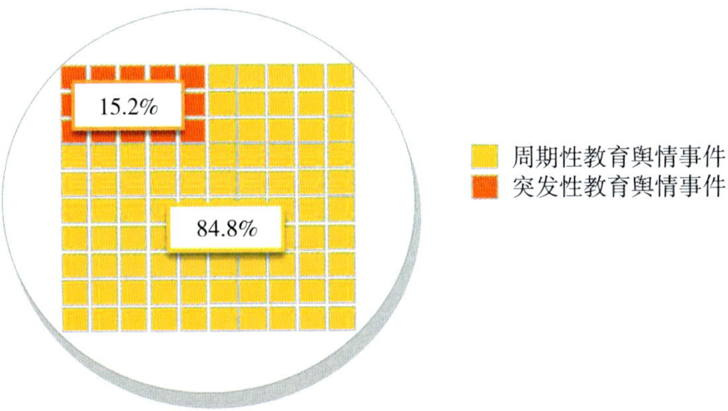

突发性舆情事件

发生在校园内或与学校成员有关的，在事先未预警情况下突然爆发的，可能严重威胁到学校的正常教育秩序，并可能带来其他不良后果（包括给学校成员带来伤害、对教学设施造成破坏以及对学校的形象、声誉带来损害）的事件。

突发性舆情事件的特点

（1）突发性
（2）具有潜在的危险性
（3）需要迅速采取行动
（4）学校管理者不能完全掌控
（5）有可能产生出人意料的后果及影响
（6）引起媒体和公众的强烈关注

图 12－1　2012 年周期性和突发性教育舆情事件比例

2012 年影响较大的 684 起教育舆情事件中，周期性舆情事件共 580 起，占比为 84.8%；突发性舆情事件共 104 起，占比为 15.2%。

表 12－1　突发性教育舆情事件举例

序号	事　件	特　点
1	邹恒甫微博事件	邹恒甫炮轰北大属个别事件，并非学校所能控制。该事件严重损害了北大声誉，引发了媒体和网民的热议。
2	江西校车落水	该事件事发突然，属于交通事故，造成 12 名学生死亡，影响极其恶劣，需要迅速采取行动。该事件也引起了媒体和网民对校车安全问题的热切关注和深度思考。
3	河南 23 名学生被砍伤	该事件的凶手因精神失常以及受到“世界末日”传言的影响，砍伤 23 名学生，社会影响恶劣。
4	贵州毕节流浪儿童取暖致死	此事件由家庭、学校、社会多方面监管缺失引发，引起社会广泛关注。
5	北大校长下跪为母祝寿	此事件因北大校长这一人物的特殊身份而引发各界关注，使得跪母尽孝这一普通行为格外令人瞩目。
6	女童在幼儿园午睡后死亡	女童幼儿园午睡后突然死亡，非正常死亡这一突发状况超出幼儿园控制并引起网民的争议。
7	学生反日示威游行	因钓鱼岛事件引发的学生反日游行事发突然，影响大。
8	中学生向高速公路扔石头砸死车内婴儿获刑 6 年	个别学生的校外行为并非学校能完全掌控的，而该行为导致了极其严重的后果，引起社会关注。
9	14 岁男孩被老师批评“太花了”，愤而跳楼受重伤	教师和学生的言行是学校不能完全控制的。教师的不当言论以及导致学生采取过激行为是突发的、不能预测的。
10	浙江一大学生为“冰封爱情”掐死 17 岁女友	情杀事件是突发的、不可控制的，该学生的行为突破常规，出人意料。

虽然突发性事件比重较小，但却有着巨大的影响力。如2012年钓鱼岛问题引起的学生反日示威游行，“世界末日”谣言引起的河南23名学生被砍伤，以及江西校车落水等事件，都属于2012年特有的突发性舆情事件。图12－2为江西校车落水事件和河南23名学生被砍伤事件的媒体报道量，由此可以看出，这两起突发性事件在媒体和网民中的影响力极大。

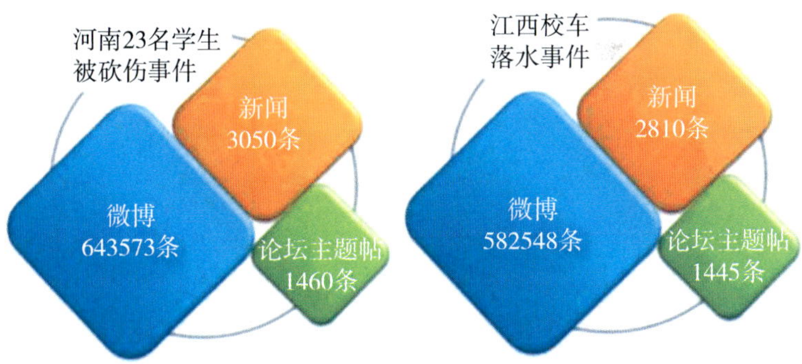

图12－2　突发性教育舆情事件影响力举例

13. 2012 年与 2011 年教育舆情事件比较

2012 年教育体制改革持续推进。一方面，教育领域出台多个全国性的政策，比如《校车安全管理条例》、国家扶贫定向招生专项计划；另一方面，国家财政性教育经费投入达到 GDP 的 4%、南方科技大学顺利“转正”都标志着教育体制改革的稳健推进，并取得阶段性成果。

农村教育尤其是农村留守儿童的教育问题受到持续关注，营养午餐缩水、贵州毕节 5 名流浪男童在垃圾箱内点火取暖死亡、江西校车事故造成 11 名儿童死亡等事件，都凸显出农村教育中教育腐败、校园安全等问题，也折射出国家教育政策在基层落实过程中存在的问题。此外，教育歧视、教育伤害仍然触目惊心：从 2011 年的“公考状元”体检被刷，到 2012 年的萝卜招聘，就业领域的不公平仍有待消除；从 2011 年的校车特大事故，到 2012 年的浙江温岭虐童、河南 23 名学生被砍伤、江西校车落水，都体现出校园安全的严峻现状。

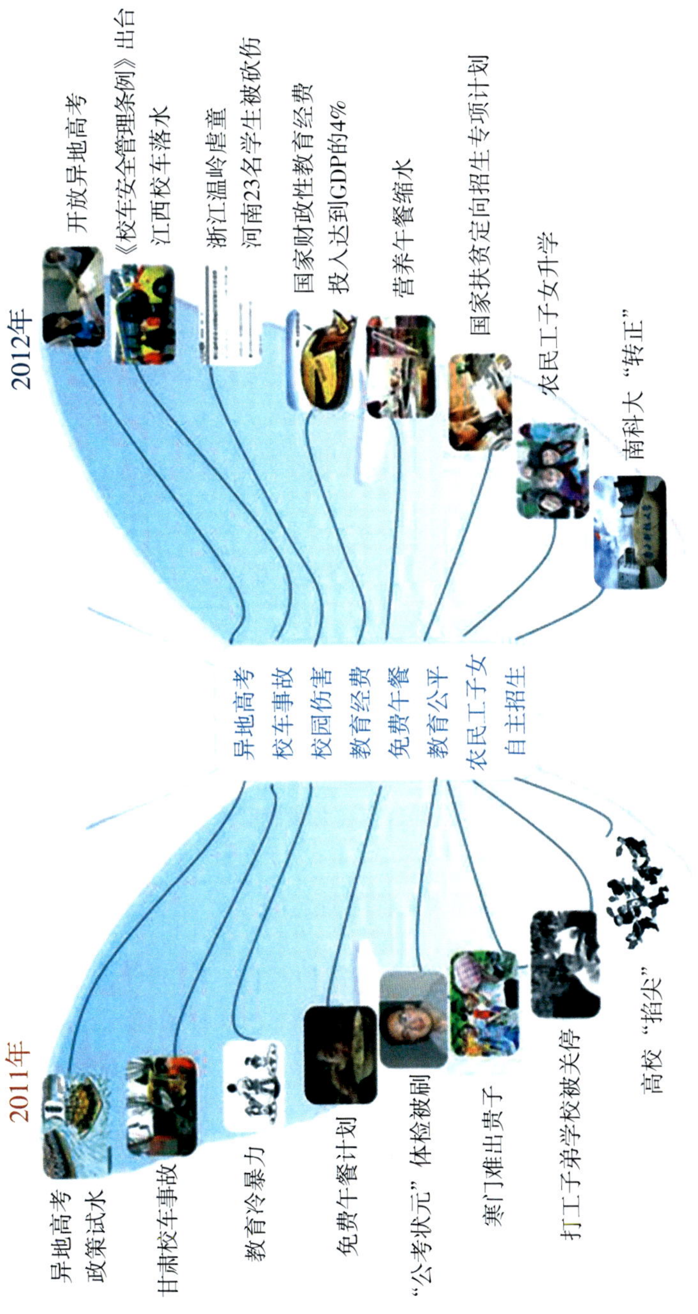

图13-1 2012年与2011年教育热词排行对比

• 三、四季度连续两年舆情事件数量最多

对比 2011 年教育舆情事件走势可以看出，2012 全年舆情事件走势相对平稳，而 2011 年的走势起伏较大。2011 年 9 月是舆情事件高发期，事件数量畸高，如湖北华中科技大学“学位门”、厦门某职业学校新生入学 4 天后离奇猝死等教育教学和非正常死亡类事件。2012 年的舆情事件高峰期推迟到 10 月，发生了浙江温岭虐童、营养午餐缩水、云南彝良山体滑坡 18 名学生被埋、北京籍人士抗议异地高考等突发舆情事件。

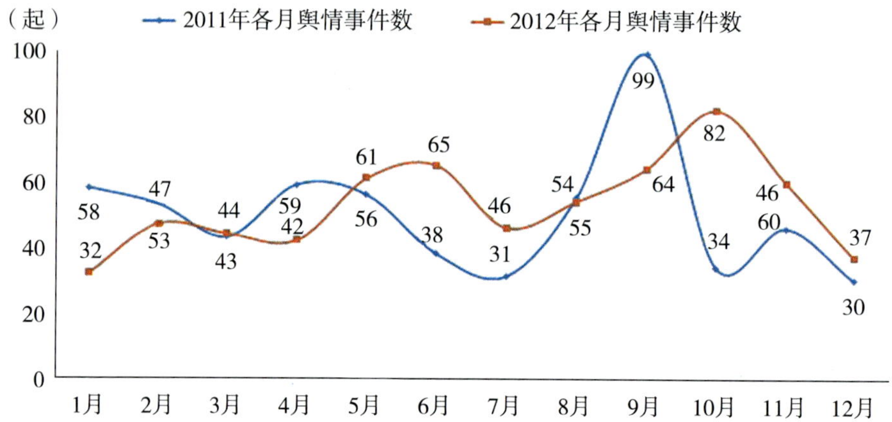

图 13 – 2　2012 年与 2011 年各月舆情事件发生量走势

• 教育舆情事件类型呈现周期性特征

1—2 月：1 月、2 月是期末考试和放假时期，在 2011 年的这个时期，校园管理（即 2012 年事件类型分析中的校园安全管理和教学管理）是主要的舆情事件类型，而 2012 年这个时期发生的主要是教育腐败类事件，其中教育乱收费问题尤为突出。

3—4 月：非正常死亡和集体食物中毒事件多发。2012 年 3 月、4 月非正常死亡类事件多达 20 起；2011 年同期这两类事件共发生 36 起。从 2 月底到 3 月初是开学返校的时期，易发生非正常死亡类事件，因此学校在加强校园安全管理方面也加大了力度。此外，除了非正常死亡类事件，食品

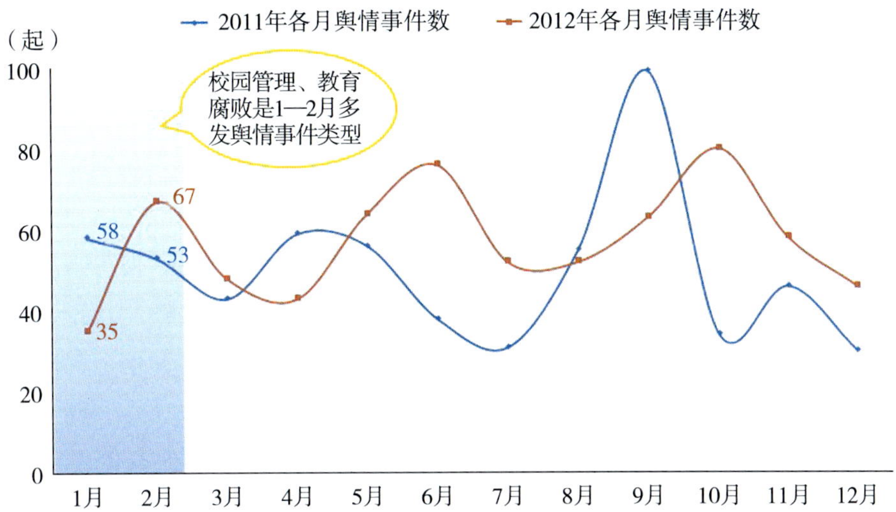

图 13－3　2012 年 1—2 月与 2011 年同期舆情事件类型解析

安全类事件在 3—4 月也有明显增长。2011 年这一时期发生了湖北某高校使用地沟油、湖南某学校采购病猪肉等食品安全类事件，而 2012 年也发生了四川大学 74 名学生集体出现上吐下泻症状、江西科技师范大学 56 名学生集体腹泻等集体食物中毒事件。

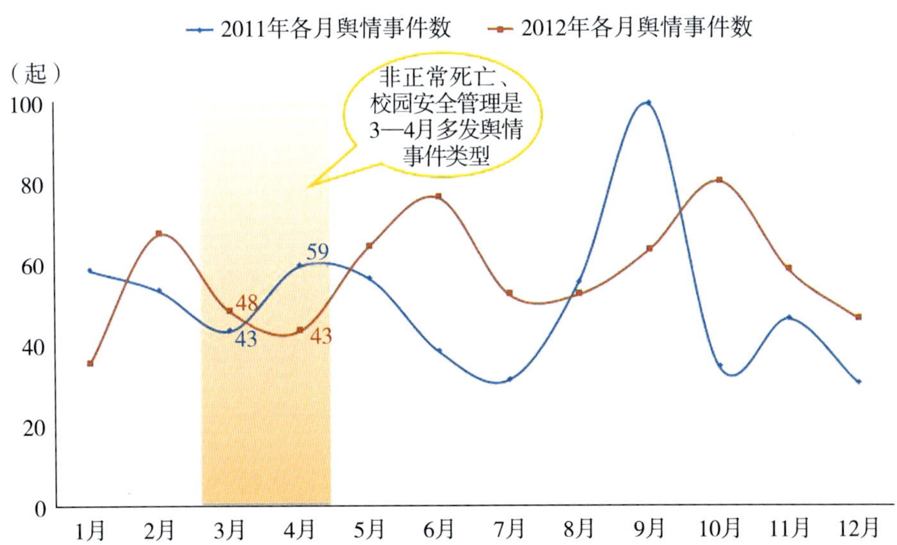

图 13－4　2012 年 3—4 月与 2011 年同期舆情事件类型解析

5—6 月：这一时期的舆情事件大多与高考、中考有关，相关事件占比达 40%。替考作弊、延误发卷、提前收卷、考前自杀等事件屡屡发生。2012 年与高考相关的舆情事件数量超过了 2011 年，并延续到 7 月初。除了与高考相关的事件，另一类高发事件是与毕业相关的事件，2012 年“毕业季，拼校长”的网络热词正好体现出毕业季的典型舆情事件。此外，2012 年 6 月的突发性舆情事件崔永元怒斥湖南教育厅不作为，使得当月舆情呈上升走势；与此相反，2011 年 6 月的舆情却是呈下降走势。

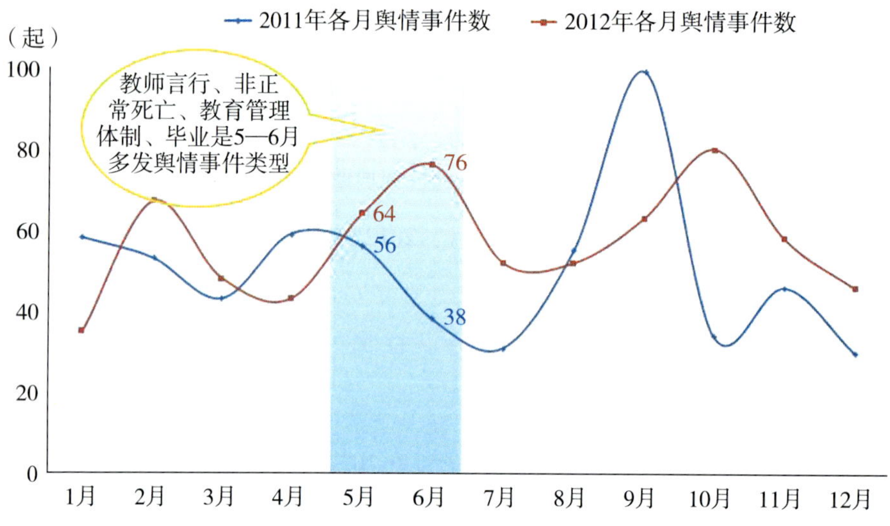

图 13－5　2012 年 5—6 月与 2011 年同期舆情事件类型解析

7—8 月：教育舆情事件数量较前几个月有所减少，但这个时期是高校毕业就业、学术腐败类舆情事件的高发期。2011 年发生了湖北武汉某高校“学位门”事件，四川大学副教授被指抄袭台湾论文事件；2012 年发生了教育部退休干部涉嫌参与办野鸡大学以及厦大女博士学历造假等事件。而邹恒甫微博事件使得教师言论成为 2012 年 8 月另一热点舆情事件类型。

9—10 月：秋季开学季，学校教学管理再次成为易发舆情事件类型。2011 年 9 月学校管理（即 2012 年事件类型分析中的教学管理和校园安全管理）类舆情事件占该月事件总数的 40.4%，而 2012 年同类型事件占同期事件总数的 25.9%。教育腐败和教师言行类事件发生数量也有所回升。然

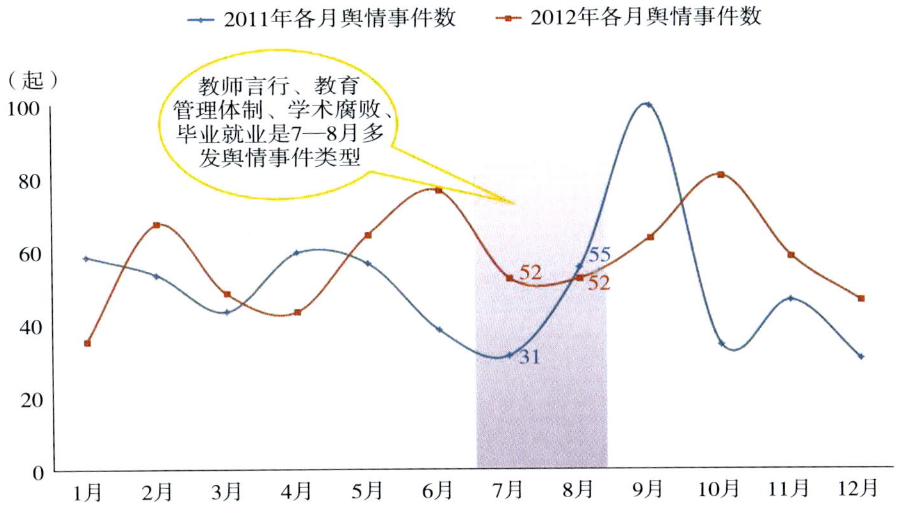

图 13－6　2012 年 7—8 月与 2011 年同期舆情事件类型解析

而，2011 年的舆情事件高发月为 9 月，2012 年却推后到 10 月。这主要是因为 2012 年 10 月浙江温岭虐童、营养午餐缩水、云南彝良山体滑坡 18 名学生被埋、北京籍人士抗议异地高考等重大舆情事件相继曝出，引发连锁反应，牵扯出更多校园伤害类和非正常死亡类的舆情事件。所以，2012 年 10 月成为当年舆情事件高发月。

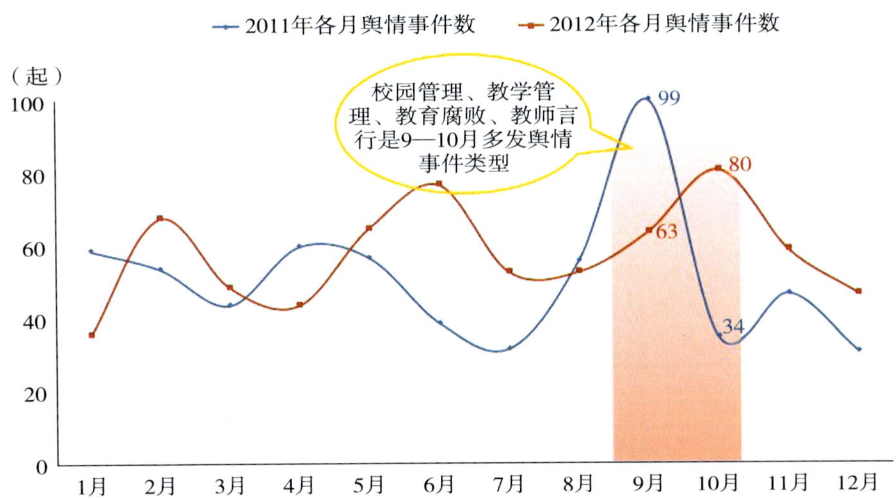

图 13－7　2012 年 9—10 月与 2011 年同期舆情事件类型解析

11—12 月：临近期末，学生忙于期末复习考试，2011 年这两个月的舆情事件占全年事件数量的 12.62%，2012 年这一比例为 15.2%，舆情事件整体相对较少。但 2012 年 12 月发生了两起重大校园伤害和非正常死亡类事件——河南 23 名学生被砍伤和江西校车落水，使加强校园安全管理成为 2012 年 12 月的热议话题。

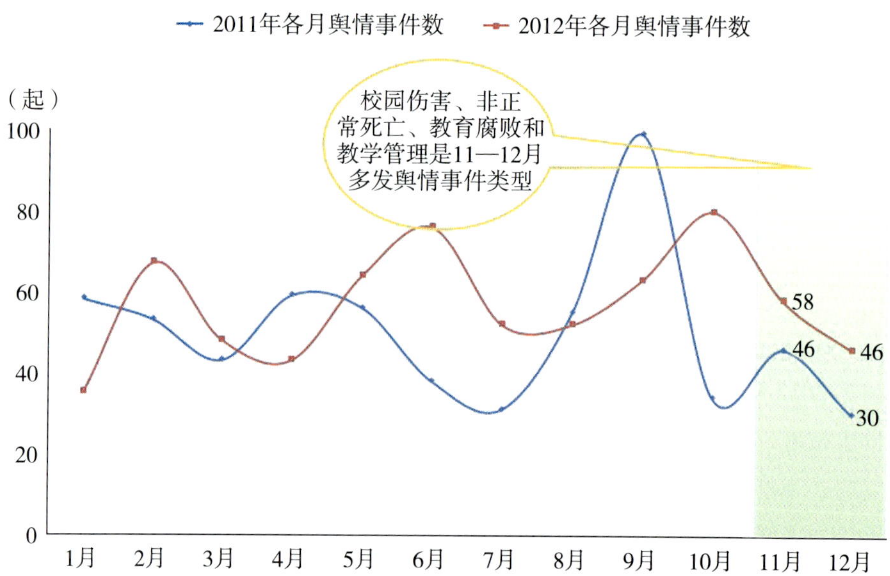

图 13－8　2012 年 11—12 月与 2011 年同期舆情事件类型解析

- **广东、北京、湖北、江苏四地连续两年教育舆情事件高发**

对比图 13－9 和图 13－10 可知，2012 年和 2011 年，北京、广东、湖北、江苏四地均进入前四名，只是广东、湖北和北京三地在排名上稍有变化，因此这四个地区是教育舆情事件的多发地。北京、广东两地，学校众多，人口密度大，加上传媒行业较为发达，校园的舆情事件能够及时地被报道出来并引发外界关注。湖南、陕西和山东在 2012 年继续成为教育舆情事件的多发区。①

① 2011 年教育舆情事件数量的相关数据引自：唐亚阳．中国教育网络舆情发展报告 2011［M］．长沙：湖南大学出版社，2012.

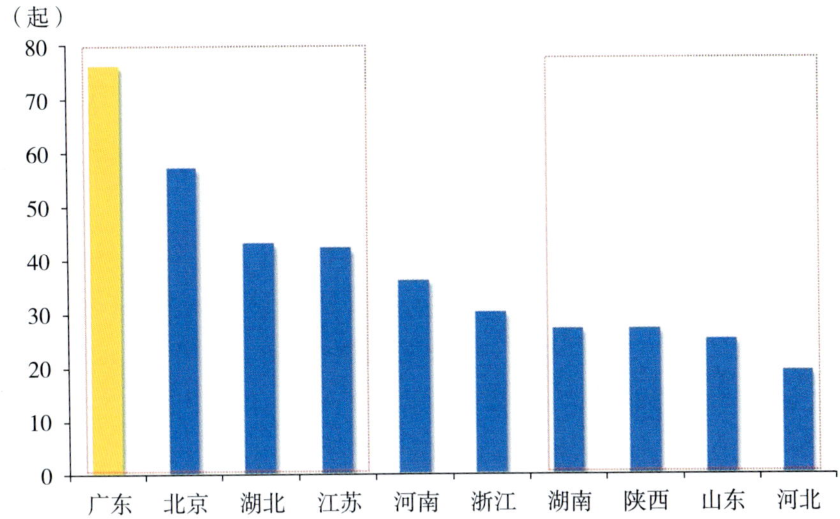

图 13－9　2012 年中国教育舆情事件数量排名前十位的地域

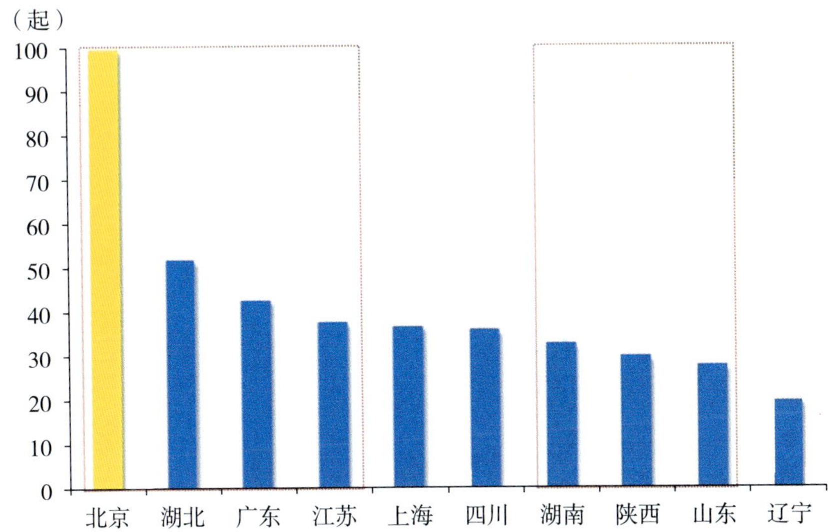

图 13－10　2011 年中国教育舆情事件数量排名前十位的地域

2012 年相较于 2011 年增加了河南、浙江和福建，三地分别发生了 37 起、37 起和 26 起教育舆情事件。河南 2012 年影响最大的教育舆情事件有河南 23 名学生被砍伤、开封县一中有十几位副校长、郑州女大学生身中 13 刀死亡等；浙江 2012 年影响力最大的教育舆情事件有浙江温岭虐童、乐清一中学副校长夜闯宿舍乱摸女生、温州某小学学生冒雨表演领导撑伞观看等；福建 2012 年的热点教育舆情事件有两少女自杀欲穿越引争议、福州警方是否错抓海南女大学生、方舟子微博曝厦大女教授哥伦比亚大学学位造假等。

- **高等教育领域连续两年受关注**

2011 年，部分高校的招生就业、教师言行、学生心理健康及犯罪等问题多次引发高校的舆情危机，使得高等教育成为当年舆论广泛关注的领域。2012 年教育舆情事件中义务教育领域热点事件频发，成为最受关注的教育领域。从事件所属的教育领域来看，2012 年影响较大的 684 起教育舆情事件中，义务教育领域舆情事件占 38.9%，较 2011 年的 14.9% 上升 24 个百分点；高等教育仅次于义务教育成为舆情事件较为集中的领域，占比为 35.5%；高中阶段教育和学前教育领域的舆情事件数量较 2011 年有所回落，占比分别为 12.1% 和 7.5%。

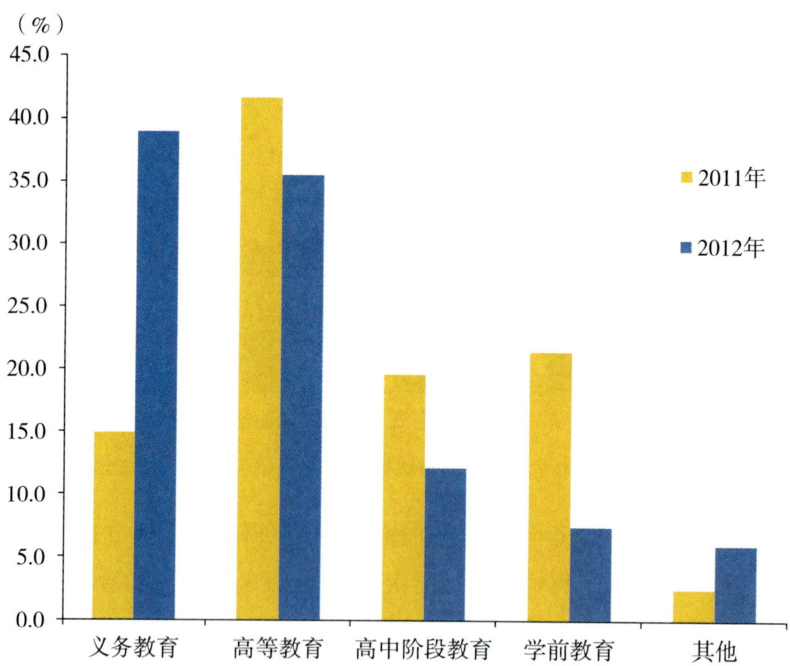

图 13－11　2011 年和 2012 年中国教育舆情事件发生领域对比

14. 2013 年可能延续或升级的教育舆情事件

图 14－1 中预测的 2013 年十大教育舆情热词，均出自每年的周期性教育舆情事件，或是 2012 年发生的尚待进一步解决和处理的热点舆情事件。

图 14－1　2013 年十大教育舆情热词预测

从性质来看，我们预测 2013 年中国教育舆情事件中 70% 是周期性舆情热点，30% 是争议性舆情热点。例如：异地高考政策各种“门槛”标准饱受争议，2013 年各省（区、市）将逐步出台相关政策；北大起诉邹恒甫名誉权纠纷案已被法院受理，尚未有定论；2012 年各高校取消长跑，实为推责。

图 14－2　2013 年教育舆情事件性质预测

(1) 校园安全

校园安全是 2011 年和 2012 年网民关注的热点，尽管各级学校都非常重视，但是每年都会发生一些震惊全国的恶性事件，例如 2012 年河南 23 名学生被砍伤事件影响极其恶劣，此外，学生非正常死亡以及学生遭性侵等也是威胁校园安全的主要问题。

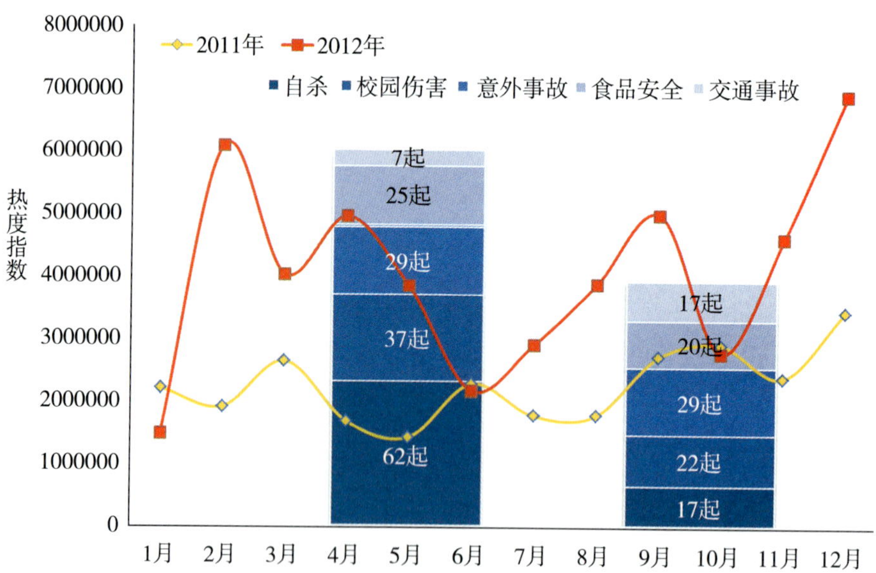

图 14－3　校园安全类事件热度分析

(2) 教育腐败

官员腐败一直是网民最关注的话题之一，教育腐败同样受到网民关注。

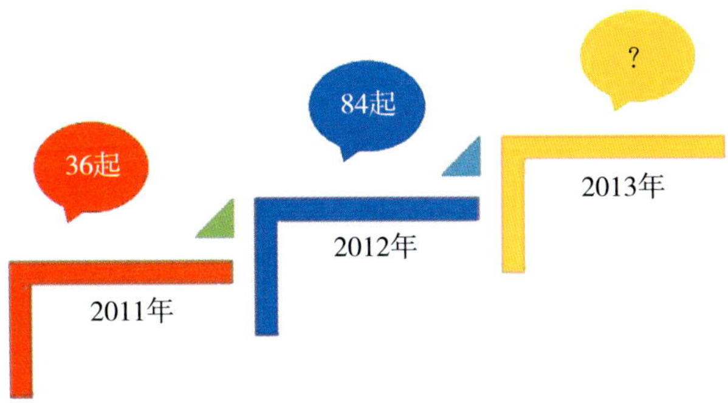

图 14－4　教育腐败类事件走势

(3) 异地高考

2012 年最后一天，北京、上海、广东不约而同发布了异地高考实施方案。然而，这艰难破冰的第一步，却因为各种“门槛”引发争议。异地高考关系到教育公平和城市承载力及多方利益，因此必然会成为长期延续的教育舆情事件。

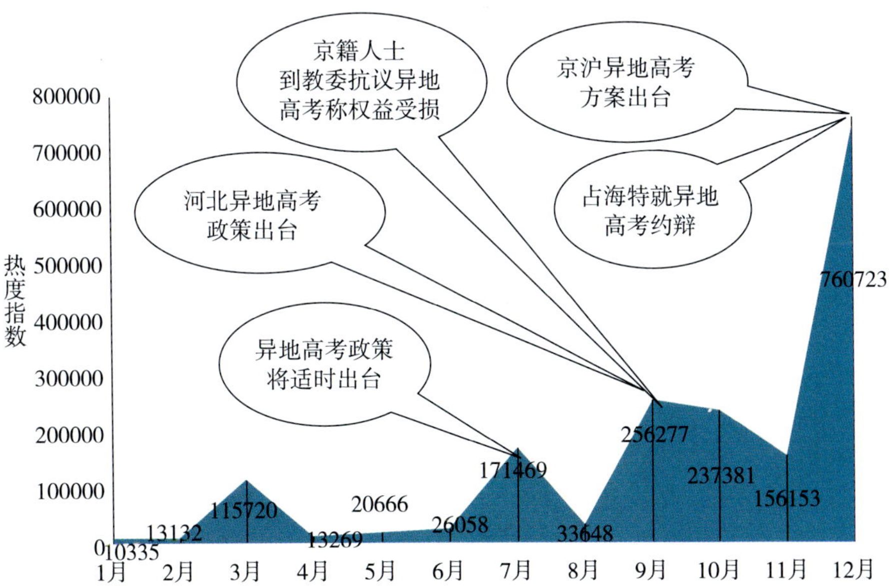

图 14－5　2012 年异地高考事件热度走势分析

(4) 免费午餐

2011 年，邓飞等五百多位记者和国内几十家媒体联合中国社会福利基金会发起“免费午餐”计划。当年 10 月，国务院常务会议决定启动农村义务教育学生营养改善计划。营养改善计划执行两年期间，营养午餐缩水、安全等问题逐步进入人们的视线。

图 14－6　营养午餐计划演变过程

(5) 留守儿童

留守儿童的生存、教育及安全问题近年来不断凸显，例如监护不力、缺乏抚慰、疏于照顾、生活困难、学习成绩偏差、心理缺失等，相关保障措施薄弱，政策难以落实。2012 年贵州毕节流浪儿童取暖致死事件，正是缘于对留守儿童疏于照顾、监护不力，以及留守儿童生活困难、学习成绩偏差等。因此，留守儿童问题仍是敏感话题。

图 14－7　留守儿童面临的问题

(6) 歧视后进生

歧视后进生问题通过不同的形式展现在家长、公众面前。2011 年出现的“绿领巾”、“红校服”、“三色作业本”，2012 年出现的“蓝印章”、“差生走廊考试”等事件，进一步说明部分基层教育工作者的教育理念需要改进。

图 14－8　各类歧视后进生事件

(7) 学术抄袭

2012 年 7 月，方舟子微博曝光厦大女教授哥伦比亚大学学位造假，8

月微博曝光贵州大学体育教学部正、副部长同陷“抄袭门”。一方面，方舟子等不断揭露学术抄袭等教育不端行为；另一方面，微博等新媒体给普通网民提供了揭露问题的便利平台。

图 14－9 微博“意见领袖”学历学术打假

（8）校车安全

2011 年甘肃正宁校车事故等 7 起重大校车事故震惊全国。2012 年 3 月国务院颁布《校车安全管理条例》。然而，部分基层学校无钱购置校车，部分学校为了推责取消校车，再加上为了节约成本而超载、违规驾驶等行为的存在，校车安全问题仍将引人瞩目。

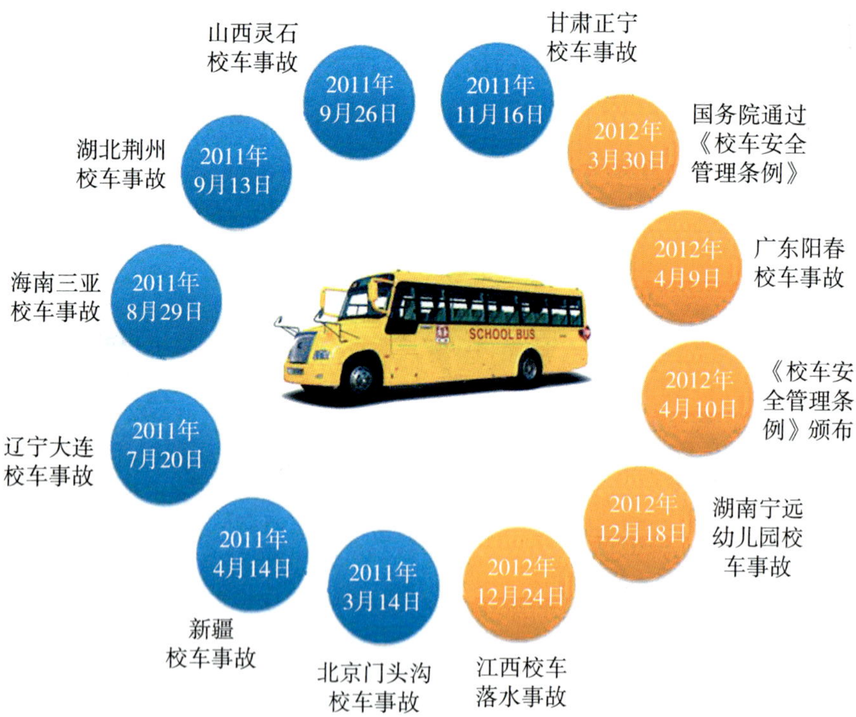

图 14－10 各地重大校车安全事故发生时间及相关政策出台时间

(9) 邹恒甫微博事件

2012 年 8 月，经济学家邹恒甫在其个人微博上指称北大教授奸淫女服务员以及学生会主席贿选等，此后，相关事件愈演愈烈，截至 12 月 27 日，北大诉邹恒甫案启动涉外送达，尚未出现最后定论。这一事件关系到北大学校声誉以及诸多法律问题，仍将成为舆论焦点。

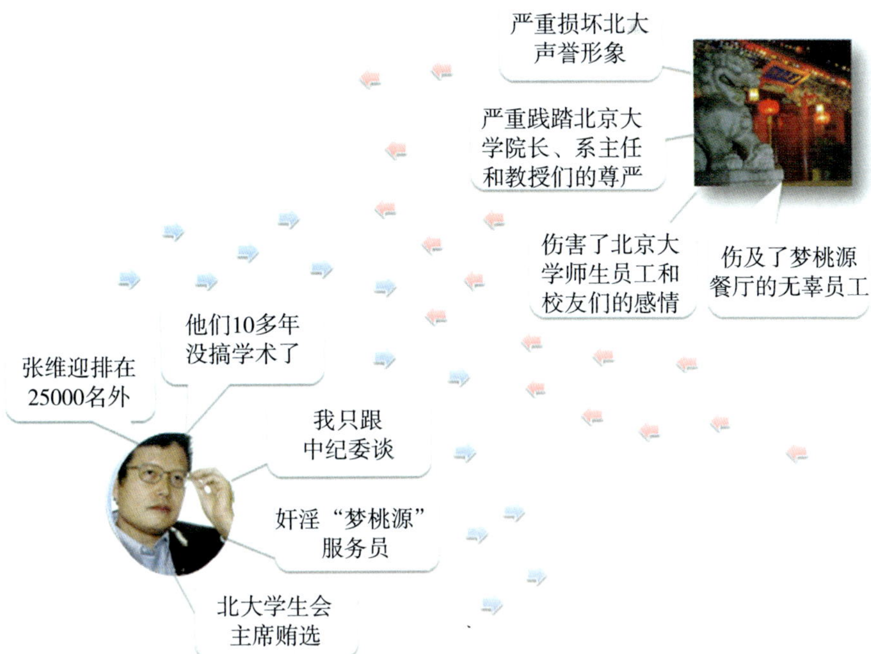

图 14－11 邹恒甫微博事件

(10) 高校取消长跑

2012 年，全国多所高校取消长跑，主要原因是近年来学生身体素质下降，在马拉松等长跑活动中有学生暴毙，引起了高校的恐慌。但是取消长跑这一治标不治本的举措在全国范围内引起了热议，相关问题尚未有定论。

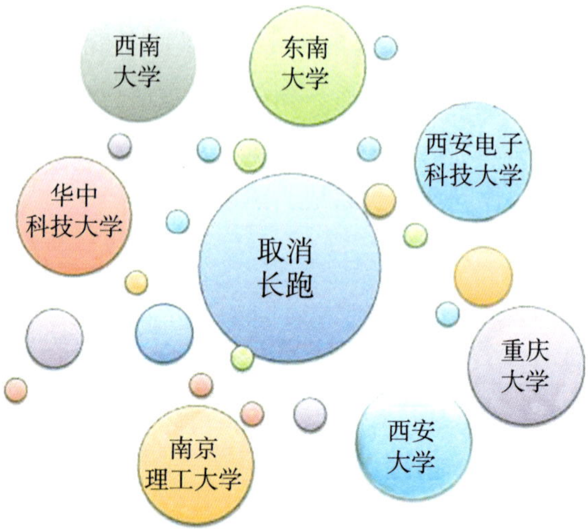

图 14－12　高校取消长跑

15. 微博教育达人[①]

☆ 微博教育达人（个人）

微博的兴起使得越来越多的媒体、民众有了参与各种信息分享和交流的平台。综合文章数、粉丝数、转发数等维度，我们对 2012 年 200 多万条教育相关的微博和 15000 多位教育信息参与主体进行分析，确定了以下最有影响力的微博教育达人：

思想聚焦（校导网编辑、时评作者）、罗崇敏、孙云晓、朱永新

图 15－1　最有影响力的微博教育达人

---

① 微博教育达人的衡量标准主要为“经常发教育相关微博”。本章中的微博教育达人排行是通过抽取 TRS 微博数据库中 300 多万名对象，对其微博数、粉丝量、转发数、被评论数等进行加权计算得出的（统计时间截至 2012 年 12 月 26 日）。

• 按发表教育舆情文章数排行（个人）

表 15－1　微博教育达人（个人）教育文章数①排行

微博名称/博主身份	教育舆情文章数（篇）	热点微博
 王久辛 诗人、作家，首届鲁迅文学奖获得者	624	6 年才近 5500 亿！教辅 1 年 9600 个亿！北京 12 月 25 日电　记者李丽辉从财政部获悉：自 2006 年国家将农村义务教育纳入公共财政保障范围以来，中央财政 6 年累计安排义务教育相关经费近 5500 亿元。与中国教育培训行业 2012 年预计市场总值将达到 9600 亿元！差距太大了吧？家长出这么多血汗钱，还什么义务教育！ http：//weibo. com/1277061984/zbBmSnga8
		致中国新闻出版总署署长柳斌杰！没有买卖就没有伤害。当下各类报刊疯狂刊登各类教辅公司针对幼儿、中小学生的教辅班、培优班，严重破坏了正常教学秩序和国家的义务教育法，使青少年倍受摧残！至今年不仅中小学生没有了寒暑假，现在幼儿园的孩子也被诱拐进了各类学前班！你作为报纸监管主官为何不管?! http：//weibo. com/1277061984/zbeIU2oIf

① 为尊重原作者和保持原文风貌，本书在引用微博和论坛发帖时不做改动。

续表

<table>
<tr><th>微博名称/
博主身份</th><th>教育舆情文章数（篇）</th><th>热点微博</th></tr>
<tr><td rowspan="2">
朱永新
第十二届全国政协常务委员会委员、民进中央副主席</td><td rowspan="2">441</td><td>异地高考不能再拖了。今天一位朋友哭泣着告诉我，孩子可能无法参加今年的高考了。这位孩子在北京读完了完整的初中和高中，父母在北京置业纳税，户口正在办理中。谁知道没有在规定的期限办出户口，同时又过了在原籍的高考报名。结果两头不着实。我多次呼吁解决异地高考问题，希望尽快解决。
http：//weibo. com/1256947091/z9dP82CBT</td></tr>
<tr><td>昨天温州电视台采访关于外来务工人员子女入学的问题。我说，善待这些孩子，其实就是善待自己。因为，无论如何，他们是不太可能回到家乡的那片土地上了，他们的素质就是我们城市的未来。况且，他们的父母本身为我们的城市建设、经济社会发展做出了贡献。为他们提供尽可能好的教育合情合理合法。
http：//weibo. com/1256947091/zaCSWgPkM</td></tr>
</table>

续表

微博名称/博主身份	教育舆情文章数（篇）	热点微博
 **晨雾** 知名高考志愿填报专家	433	高考公平的利益群体是流入地户籍考生和流出地户籍考生。异地高考方案实施后，无论流入地确定的门槛高还是低，利益群体变成了三个：流入地户籍考生，流入地非户籍随迁考生和流出地户籍考生。异地高考方案实施之后，最大的利益群体流出地户籍考生的高考公平状况不仅得不到改观，还会受到损害。 http：//weibo. com/1409194012/zbKgKybhj
		高考志愿和自主招生选择目标学校时候，考生定位的方法是相同的。区别：自主招生的目标学校选择应当与考生定位大体平等。而高考志愿，平行志愿情况—志愿目标学校可以略高于考生定位；非平行志愿情况—志愿目标学校可以略低于与考生定位。上述原则以假设考生发挥正常为前提。 http：//weibo. com/1409194012/yCUJJmGJj
		高考后父母离婚率激增　立案数达考前数倍。前天，广州市市民政局有关人士透露，高考结束后的一周，南京有 1039 对新人领取“红本本”，但也有 488 对夫妻离婚，平均每两对夫妻结婚的同时，就有一对夫妻离婚。而平时，每四对结婚，才有 1 对离婚。http：//t. cn/zWZNoZC http：//weibo. com/1409194012/yoECCfCy4

续表

微博名称/博主身份	教育舆情文章数（篇）	热点微博
 **加拿大** **朱凡** 加拿大籍华人，知名教育专家	418	1. 男孩子更加在意爸爸的看法；2. 喜欢、模仿爸爸的行为（抽烟、喝酒等）；3. 爸爸跟孩子的承诺是否朝令夕改，影响孩子诚实；4. 爸爸和妈妈教育意见不统一，容易导致男孩不服从管教；5. 爸爸做事拖拖拉拉犹豫不决，容易导致孩子不自信…… http：//weibo. com/1945224381/zal3Zopsu
		【爱孩子，也让孩子爱你】孩子分一瓣桔子给妈妈，妈妈说：你吃吧。孩子便独自吃着。妈妈爱孩子，想把所有最好的东西都留给孩子。不同的是孩子拥有妈妈的爱，而妈妈却拒绝了孩子的爱。也许就因这充满爱的拒绝一次次上演，最终扼杀了孩子爱的天性和能力。于是孩子习惯着被爱，却不知道怎样去爱别人！ http：//weibo. com/1945224381/zaWDJAotb
		1. 孩子将是一个离你而去的独立的人，家长就是帮他完成独立。2. 孩子有着无人能预测的潜能，有自己的未来和成长轨迹，不是父母和老师所能规划的。3. 俯下身去，带着欣赏的心态，聆听孩子的话，关注他做的事；陪在孩子身边，却要力争“隐身”，在他需要和迷茫时“显形”—Francoise Dolto 学会尊重孩子。 http：//weibo. com/1945224381/za95DwodM

续表

微博名称/博主身份	教育舆情文章数（篇）	热点微博
 **南京** **刘永和** 江苏省特级教师	384	我们基础教育中最缺少的，是以人的发展为根本的教育。教育如果不能培养为未来社会服务的人，就不是真正的教育。有教学个性的教师，他们的课往往体现着一种独立思考的意识，展现着自己的学养；而一个不善于思考问题的教师，只能做“传声筒”。 http：//weibo. com/2021844322/zbK0fyYFl
		教师的职业生涯。一般5年为一个阶段。教师的职业基础：对学生的品德的承诺，对基础知识的共识，实践的标准确定、交流、沟通、强化。有效实践的职业证明。美国教师年薪4—5万美元，并不高，于是最优秀的人不愿意做教师，一般的人做教师。这是一个严肃的问题。 http：//weibo. com/2021844322/zbvOOcW8m
		有些学科，有些内容，不需要学生先学，因为教师讲解完全可以让学生掌握，而且，效率非常高。“教师先讲，学生后练”就不是“教师指导与学生自主”的课堂吗？美国的“颠倒的课堂”已经把“先学”放在了课前，而课堂上只是解决学生的问题。 http：//weibo. com/2021844322/zaunv2Y1H

续表

<table>
<tr><th>微博名称/博主身份</th><th>教育舆情文章数（篇）</th><th>热点微博</th></tr>
<tr><td rowspan="3">
思想聚焦
校导网编辑、时评作者</td><td rowspan="3">378</td><td>云南嵩明县可谓“最有良心的政府”。从2007年以来，全县财政收入大部分投入教育，迄今已建成44所农村中小学标准化学校，有的学校的环境甚至超过了大学。
http：//weibo. com/1742566624/zcjXTfy0N</td></tr>
<tr><td>武汉优秀校长张基广在博客上说过的“丈母娘的眼光，可能就是素质教育的眼光”引发广泛热议。他呼吁校长和老师们时常自问，如果面对的不是学生而是未来的女婿或儿媳妇，会希望他（她）是什么样子以及该如何进行教育。
http：//weibo. com/1742566624/zbRZYzQCz</td></tr>
<tr><td>我们的下一代很多被娇生惯养，对中国历史一问三不知。当日本人在教科书里扭曲侵华历史时，我们的教育学家却在讨论金庸武侠小说要不要入选中学教材。
http：//weibo. com/1742566624/zbgUk9g6n</td></tr>
</table>

续表

<table>
<tr><th>微博名称/博主身份</th><th>教育舆情文章数（篇）</th><th>热点微博</th></tr>
<tr><td rowspan="3">
孙云晓
中国青少年
研究中心
副主任</td><td rowspan="3">324</td><td>孩子的成长具有规律性和逻辑性，抓住每个阶段的重点并且环环相扣才能解决关键问题。如心理学教授芦咏莉所说，0—3 岁重点是规则和语言，4—6 岁重点是以玩带动发展，小学 1—3 年级重点是适应学习，小学 4—6 年级重点是学会学习，初中重点是同伴交往，高中重点是理想信念引导。
http：//weibo. com/1197151844/zb7wL0zfG</td></tr>
<tr><td>学习知识没有错，但认为知识高于一切就是大错特错，甚至可能成为杀人的教育。鲁洁教授认为，引起当今教育危机的原因在于塑造知识人成为根深蒂固的信条，即把知识扩张为人性的全部。同意刘慧教授的观点，儿童教育要以儿童的生命为本，要以是否有利于儿童生命健康成长为标准。
http：//weibo. com/1197151844/z8ZFMDzZi</td></tr>
<tr><td>如果你有不安的直觉，却又无从判断直觉的对与错，那就暂时不要做决定。也许，与你信任的高人分析一下，会有茅塞顿开的收获。当然，最值得信任的人还是你自己，而你的直觉就是最真实的你，也是你一生修炼的功夫。直觉是最敏感的神经，是最活跃的思维，是最剧烈的较量。
http：//weibo. com/1197151844/z7DKJ7n4j</td></tr>
</table>

续表

微博名称/博主身份	教育舆情文章数（篇）	热点微博
 **蔡伟忠** 美籍幼儿教育专家	322	你可以让孩子有挫折，但不能够让孩子无助；你可以让孩子有压力，但不能够让孩子恐惧；你可以让孩子知道犯错，但不能够让孩子委屈。 http://weibo.com/1863422510/z5gwMvpow
		兴奋不是学习：昨天去幼儿园看到外教上课，带动孩子很激情很 high. 但要注意到中大班孩子教育的目的是希望孩子通过思考理解明白，而不是兴奋的模仿。 http://weibo.com/1863422510/z3mjHBNHT
		女孩富养，其主要真义是从小要培养她的气质，开阔她的视野，增加她的阅世能力，增强她的见识。“富养”的女孩，因见多识广、独立、有主见、有智慧，很清楚自己要的是什么，什么是真正值得追求的东西。等她到花一样的年龄时，就不易被各种浮世的繁华和虚荣所诱惑。 http://weibo.com/1863422510/z1lhW4L94

- **按粉丝数排行（个人）**

表 15－2 微博教育达人（个人）粉丝数排行

序号	微博名称	博主身份	粉丝数（人）
①	 薛蛮子	天使投资人、企业家，发起微博打拐，长期关注乡村儿童、青少年白血病等公益救助活动	959 万
②	 郑渊洁	儿童作家，关注公益教育与教育舆情，经常有激烈性言论，如“小学班干部制度培养汉奸”	427 万
③	 陈里	陕西省公安厅副厅长、陕西省法学会副会长，关注学生安全问题与农村教育改革发展问题	392 万
④	 孙云晓	中国青少年研究中心副主任	326 万
⑤	 邓飞	“免费午餐”项目发起人 凤凰周刊记者部主任	272 万

续表

序号	微博名称	博主身份	粉丝数（人）
⑥	 朱永新	第十二届全国政协常务委员会委员、民进中央副主席	145 万
⑦	 王旭明	语文出版社社长	143 万
⑧	 罗崇敏	云南省人民政府参事 云南省教育厅原厅长	102 万
⑨	 思想聚焦	校导网编辑、时评作者	98 万
⑩	 杨东平	21 世纪教育研究院院长、北京理工大学教育研究院教授	76 万

- **按转发数排行（个人）**

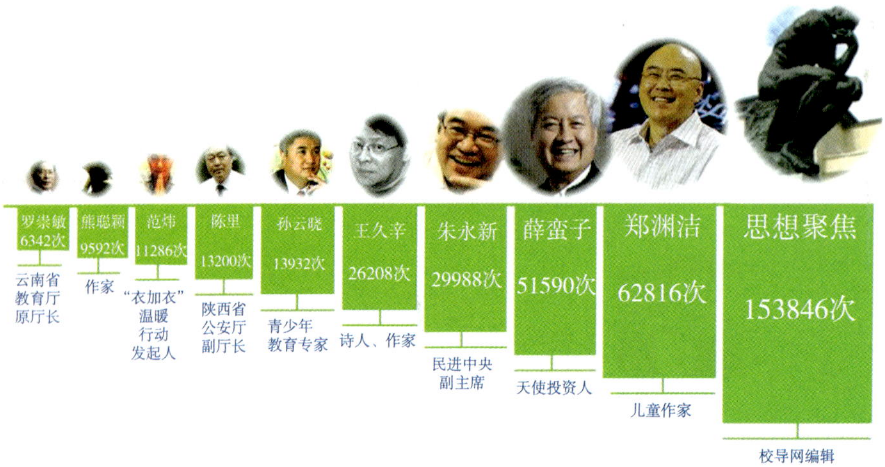

图 15 - 2　微博教育达人（个人）微博转发数排行

统计微博教育达人教育舆情相关微博的转发数，得到如图 15 - 2 所示的微博教育达人排行，其中总转发量最大的教育微博达人"思想聚焦"为校导网编辑，其累计转发量高达 153846 人次。

从教育舆情相关文章数、粉丝数、转发数三个不同维度进行统计可以发现，以薛蛮子、郑渊洁为代表的"公共知识分子"尽管发表的教育舆情相关文章总量略低，但凭借庞大的关注者（粉丝）基数，获得了极高的传播影响力（转发量）。另一方面，以朱永新、王久辛、孙云晓、罗崇敏为代表的教育界知名人士，则因受到网民的长期关注，成为教育舆情的微博达人。

2011 年，排名前 50 位的微博教育达人的教育核心文章数为 148 篇，而在 2012 年，排名前 50 位的微博教育达人的教育核心文章数增长到 208 篇，同比增长了 40.5%。这充分说明 2012 年的微博教育达人对教育的关注程度更高，这与 2012 年教育信息的传播推动、微博平台的扩大化发展在整体趋势上保持了一致。

☆ 微博教育达人（媒体）

• 按教育舆情文章数排行（媒体）

表 15 – 3　微博教育达人（媒体）微博文章数排行

序号	微博名称	教育舆情文章数（篇）	序号	微博名称	教育舆情文章数（篇）
1	头条新闻（新浪）	117	6	财经网 CAIJING.COM.CN	61
2	扬子晚报	87	7	成都商报	61
3	人民网 people www.people.cn 法人微博	79	8	南方都市报	60
4	信息时报	68	9	中新网 CHINANEWS.COM	58
5	京华时报	66	10	广州日报	55

- **按粉丝数排行（媒体）**

表 15－4　微博教育达人（媒体）粉丝数排行

序号	微博名称	粉丝数（人）
1	头条新闻（新浪）	1589 万
2	财经网 CAIJING.COM.CN	427 万
3	南方都市报	398 万
4	人民日报 PEOPLE'S DAILY	341 万
5	视频（新浪）	338 万
6	人民网 people www.people.cn 法人微博	329 万
7	广州日报	320 万
8	中新网 CHINANEWS.COM	256 万
9	京华时报	243 万
10	扬子晚报	231 万

- **按转发数排行（媒体）**

教育舆情事件转发数统计显示，微博教育达人（媒体）排名前十位的全部为新闻媒体，新浪新闻中心官方微博账号“头条新闻”凭借海量的粉丝在转发数上位列第一。除此之外，南方都市报、财经网、人民网、人民日报、广州日报、扬子晚报、中国新闻网也都保持了其在教育舆情领域的影响力。

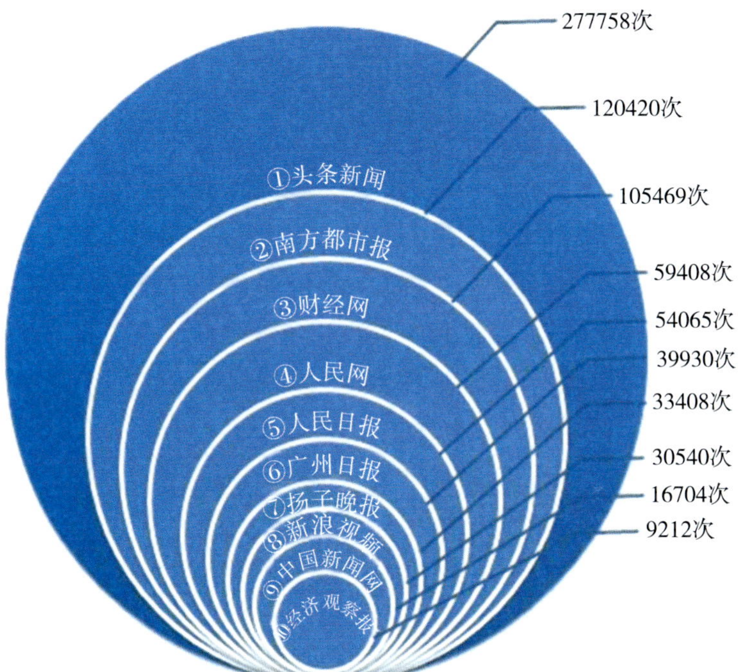

图 15－3　微博教育达人（媒体）转发数排行

16. 微博教育达人关注教育舆情事件的领域分析

每位微博教育达人均关注一个或多个特定领域。通过分析微博教育达人所发教育类微博，可统计出其关心的领域，其中学生安全、教育腐败分别以 27.5%、17.3% 的比例居于前两位。学生安全领域涉及学生伤害与非正常死亡，譬如贵州毕节流浪儿童取暖致死事件、云南彝良山体滑坡 18 名学生被埋事件等。除此之外，教育管理体制、教师言行、学生诚信、校园暴力等均为教育达人关注的核心领域。

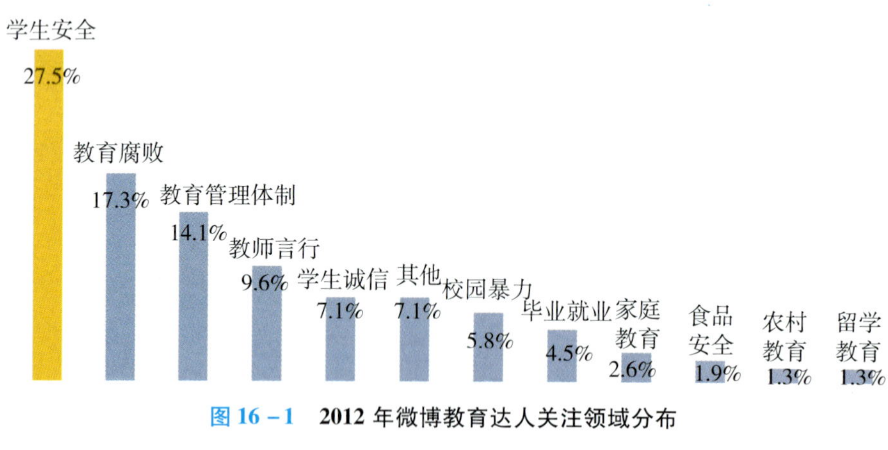

图 16－1　**2012 年微博教育达人关注领域分布**

- **微博教育达人的身份分析**

通过对影响力较大的数百名微博教育达人的身份进行统计分析发现，新闻媒体所占比例最高，达35.6%，主要为各大媒体的官方微博。其次为专家学者，占比为23.3%，如中国青少年研究中心副主任孙云晓、教育学者熊丙奇等。此外，还包括记者、编辑等媒体工作者，如发起“免费午餐”项目的记者邓飞等。

值得注意的是，教师、官员、作家也是关注教育信息的重要意见主体，部分教育达人在微博中拥有极高的知名度和号召力。例如：教育部前新闻发言人王旭明，由于经常发表犀利的教育观点，颇受媒体和民众的欢迎；民进中央副主席朱永新，陕西省公安厅副厅长陈里，云南省教育厅原副厅长罗崇敏，也都是在微博中拥有百万粉丝、长期关注教育信息的官员，他们共同组成了“政府官员”这样一个全新的微博群体。

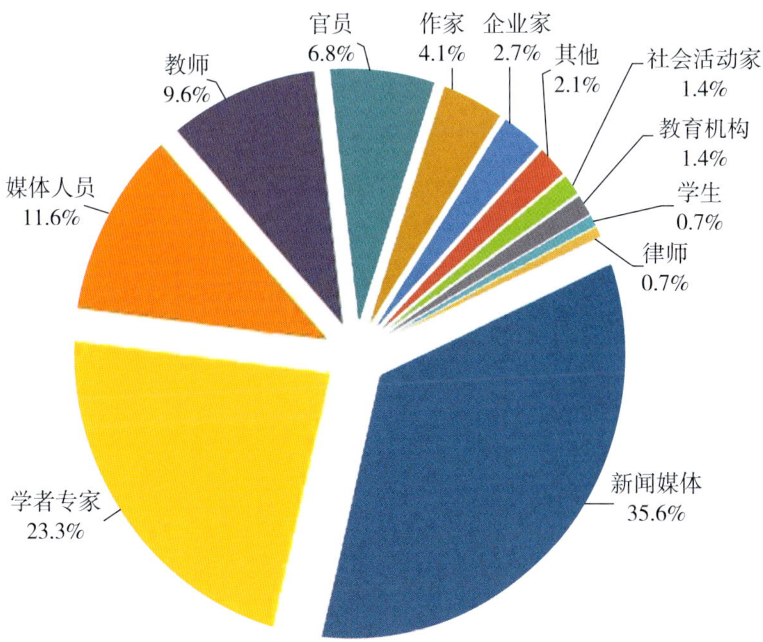

图16－2　微博教育达人身份分析

- **微博教育达人的地域分析**

统计数据显示，微博教育达人主要分布在北京、广东、上海三地，所占比例超过66.3%。其中，北京作为政治文化中心，在教育行业的影响力遥遥领先，来自北京的微博教育达人所占比例达到45.3%。个人达人中的孙云晓、朱永新、王久辛、薛蛮子、郑渊洁，媒体达人中的头条新闻、人民网、财经网、人民日报等全部来自北京。

17. 媒体对教育舆情事件的报道情况

从表 17－1 中可以看出，2012 年教育舆情事件报道量排名前十的网络媒体中，中央级网站（新华网、中国网、人民网）、地方门户网站（中国江苏网、齐鲁网、新民网）以及主要综合性网站（搜狐、网易、凤凰网）各占 30%，对教育舆情事件都保持了较高的关注度。值得注意的是，大型综合性网站东方网也跻身前十强。

表 17－1　网络媒体对教育舆情事件的报道量排行

序　号	媒　体	报道量（篇）
1	人民网	45984
2	网易	29247
3	搜狐网	28356
4	齐鲁网	23878
5	凤凰网	18312
6	中国网	16334
7	新华网	14854
8	新民网	11953
9	东方网	10844
10	中国江苏网	10771

从表 17－2 中可以看出，2012 年教育舆情事件报道量排名前十的传统媒体中，地方性报纸占 70%，包括新京报、广州日报、北京晨报、兰州晨报、南方日报、羊城晚报和新民晚报，其中南方日报是省级党报，中央级报纸占 30%，如光明日报、人民日报、中国青年报。相比中央级报纸，地方性报纸对教育舆情事件的报道量更大。

表 17－2 传统媒体（网络版）对教育舆情事件的报道量排行

序　号	媒　体	报道量（篇）
1	光明日报	2122
2	人民日报	1920
3	兰州晨报	1651
4	新京报	1544
5	南方日报	1541
6	广州日报	1460
7	羊城晚报	1294
8	北京晨报	1248
9	新民晚报	1208
10	中国青年报	1120

从总体上看，新媒体在教育舆情事件传播中所起的关键节点作用还是不能取代传统大众媒体，但确实发挥了“二传手”的重要作用。

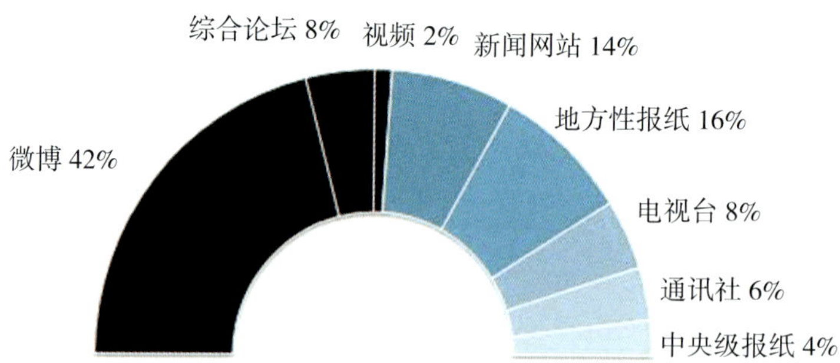

图 17－1 教育舆情事件传播关键节点

在传播关键节点上，起到重要作用的是微博、地方性报纸、新闻网站。其中，微博占到了总体的近二分之一，这主要得益于微博的迅速发展。微博用户的公众性、公开性和自由性以及传播速度的迅捷性，共同体现出了一种公共关注模式，正是这种由资讯客体和媒介主体所贡献的“公共性关注”，使微博成为民众对政府及整个公共权力资源进行舆论监督的利器之一，而且还引发了传统媒体的进一步关注及政府官员的高度重视。在传统媒体中，地方性报纸依然占据领先地位，这与与日俱增的都市新移民读者群体密不可分。

18. 国内应对教育舆情事件成功案例

回顾2012年教育舆情事件，应对舆情成功的案例具有某些共性，归纳起来主要有以下几点。

(1) 正面宣传

据人民网社会频道《最美女教师车祸瞬间舍身救学生》专题报道：2012年5月8日晚，在黑龙江省佳木斯市第四中学门前，正当一群学生准备过马路时，一辆客车突然失控冲了过来。危急时刻，女教师张丽莉一把推开了身边的两个学生，自己却被卷入车下，造成双腿高位截肢。张丽莉的事迹被媒体报道后，在网络上引起强烈关注，网友们赞其为“最美女教师”，纷纷在网上表达敬意和祝愿。有关部门授予其“全国五一劳动奖章”、“全国三八红旗手”以及“全国优秀教师”等荣誉称号。教师节前夕，教育部、人力资源和社会保障部作出决定，授予张丽莉同志“全国模范教师”荣誉称号。教育部号召全国广大教师和教育工作者要向张丽莉同志学习，努力办好人民满意的教育。

张丽莉的高尚行为，充分体现了人民教师始终以学生为本的无私精神，塑造了新时期人民教师的光辉形象，诠释了高尚师德和社会主义核心价值观。中央高度重视，教育系统全方位学习，媒体多角度报道，为弘扬人民教师高尚师德、展示人民教师精神风貌营造了良好的舆论氛围。

图 18－1　最美教师张丽莉

(2) 积极回应

浙江温岭虐童事件曝光后，浙江省教育部门迅速回应网民关切，对舆情的应对可圈可点。2012 年 10 月 24 日，幼师虐童照片在网上曝出当天，公安局就启动了立案侦查程序；第二天，省教育厅开展调查，并对涉事教师和幼儿园园长给予辞退、撤职等处分。

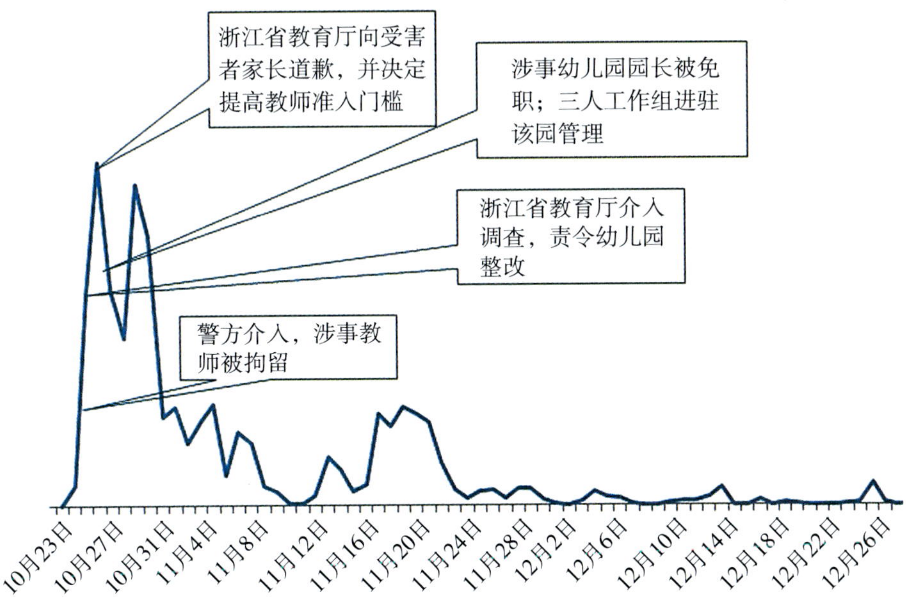

图 18－2　浙江温岭虐童事件信息传播趋势

（3）态度诚恳

湖北麻城在学生背着课桌上学事件被媒体曝出后，出现了“市政大楼似白宫”、“市委书记戴多块名表”等负面舆情，市委书记杨遥诚恳面对网民和公众的质疑，实名开通新浪微博，回应手表价值，并做出承诺：“在3个月内全面解决全市所有中小学课桌更新问题。除财政筹资外，号召全市党员干部和社会各界踊跃捐款，奉献爱心。目前财政安排的资金和捐款筹集的资金正在通过政府采购渠道购买所需的课桌椅。”不管杨遥的回应是否有“官话”的痕迹，在风口浪尖之际，他敢于正视媒体的监督和网友们的质疑，态度诚恳，主动回应，积极应对，这无疑是值得肯定的。

图18－3　麻城市市委书记杨遥

（4）反应迅速

贵州毕节5名流浪儿童在垃圾箱内取暖致死事件曝出后，毕节市政府就积极投入到事件的调查和处理当中，积极保持与媒体对话。毕节市政府在舆论应对中充分掌握话语权，没有躲避和推脱责任，而是主动接受采访，向外界披露事件调查信息，及时进行责任切割，处理相关责任人。事件从发生到处理完毕历时一周，外界评价毕节市政府对此次舆情事件的应对是快速、有效的。

2012年12月24日江西贵溪一辆幼儿园校车坠入水塘，导致11名儿童死亡。事故发生后，县委、县政府迅速赶到现场处理事故，及时救治伤员，公开事件信息，不断更新事件进展情况，安抚遇难儿童的家属并进行赔偿。市委、市政府在两天之内公布责任人处理办法，并表示将对黑幼儿园和黑校车进行全面检查。

图 18－4　贵州毕节流浪儿童取暖致死事件

（5）处置专业

浙江温岭虐童事件发生后，浙江省教育厅并没有停留在对涉事人员和学校的处理上，而是将其作为整顿全省师德师风的一个契机，并根据调查结果提高教师准入门槛，从源头上遏制此类事件的再次发生。与此同时，启动了对涉事幼儿园儿童的心理辅导工作，尽可能减少虐童事件对孩子的心理伤害。

19. 国内应对教育舆情事件失败案例

回顾2012年教育舆情事件，舆情应对失当的案例主要有以下几种类型。

（1）态度粗暴

2012年12月3日，河南当地媒体报道称，原阳县太平镇一中学教导主任刘某致使一留守女生堕胎被刑拘，受害人家属在要求县教育局追究刘某所在的学校责任时遭雷人回应："如果这件事发生在漫天野地里，你们是不是还要追究漫天野地的责任？"这名教育局负责人的此种回应，引起受害人家长不满，微博发出后引发网民热议。2012年11月3日该局回应称，绝没有说过"追究漫天野地责任"之类的话。而受害人家属则证实："说这话的人是在县教育局办公室说的，办公室里的工作人员都叫他'局长'。"

（2）隐瞒真相

2012年12月14日，河南光山23名学生被砍伤之后，光山市宣传部将新闻发布在官网上，随后删除，直到16日，当地所有官员集体失声。在新华网记者调查时，干部玩网游，并表示"探讨没意义"。官员的冷漠和明显的渎职，引发了媒体的质疑和网民的愤怒，引爆了舆情。

再如，2012年10月27日，青岛求实职业技术学院女生酒后坠亡案发生后第二天，校方才通知家长。并且学校董事长一直拒绝见家长，还采取了封校、封锁消息、散布谣言、隐瞒事实的措施，在当地媒体和学生中大肆宣传，说该女生是自己喝醉了酒发生了意外，完全推卸责任。

（3）编造谎言

在湖南转基因大米儿童试验事件中，在《2012 年 8 月 1 日美国临床营养学杂志》网站发表了一篇名为《黄金大米中的 β－胡萝卜素与油胶囊中的 β－胡萝卜素对儿童补充维生素 A 同样有效》的论文后，中方作者称对“黄金大米”数据不知情，对论文不知情，湖南省农业厅称 2008 年以来湖南省从未进行过任何转基因大米试验，学校则称超过 100 名学生参与了试验，家长均签署了课题研究知情同意书。随着媒体的介入，事实证明以上各方均在说谎。“黄金大米”试验与国内一些可能对健康和安全带来风险的项目悄悄上马一样，剥夺了公众的知情权，漠视了人的尊严，而成为谎言的代名词。

图 19－1　衡阳“黄金大米”试验

2012 年 5 月 5 日，大孝感论坛官方微博上，网友发了一张孝感一中高三学生在教室内打吊瓶的照片，称其为“史上最刻苦吊瓶班”，并称：“该校学生表示，备战高考，补充能量挨几针也是值得的”。这条微博引起了网友们的疯狂转发。该校校长解释称，部分同学身体不舒服，随着高考临近，学校按照学生自愿的原则，安排学生在教室内打氨基酸。孝感一中称，学生打的是补充能量的氨基酸，且此举为国家规定，高考学生有氨基酸补贴。而湖北省教育厅办公室相关负责人表示，并未听说过关于高考的氨基酸补贴政策。很显然，在应对舆情危机过程中，相关机构采用了欲盖弥彰的欺骗式应对方案，导致舆情进一步往反方向发展。

图 19－2　湖北高考“吊瓶班”

（4）拒绝回应

2012 年 10 月 27 日晚上，青岛求实职业技术学院大一空乘专业学生刘晓傲连同另外 5 名同学被学校的 6 名老师叫出去“吃饭”，随后从四楼洗手间的窗户不幸坠楼身亡。11 月 6 日，记者拨通了求实学院负责处理这一事件的该校党委书记的电话，但让人意外的是，这位校领导在听说记者要采访后，十分生气地训斥道：“你个小小商报的记者，你不去报道商业行为，报道这个干什么？和你们有什么关系？你们是公安报?！别没事找事!”不等记者答话，就挂掉了电话。校方百般阻挠媒体采访，而媒体调查后又牵扯出该校近一年内其他学生死亡事件以及招生丑闻。最终，该事件以涉事教师被抓、学院院长被记大过、党组负责人被撤、学院被整改告一段落。

（5）拖延推诿

2012 年 9 月 1 日，有网友在西部网“民生热线”板块发帖，称“陕西省山阳县幼儿园只招公务员子女”。此事引起网友的强烈不满和质疑，网络上掀起了声讨的热潮。截至 9 月 5 日下午 6 时，仅在腾讯微博中，在话题“幼儿园只收官二代”下就有 700 多万条留言。在百度中搜索“公立幼儿园只招公务员子女”，搜索结果高达 470 多万条。

2012 年 9 月 4 日，当记者来到该幼儿园采访时发现，幼儿园已经开始

"面向社会招生"。山阳县幼儿园园长称，"当时的决定向主管领导汇报过了"。至于这个决定是谁的"创意"，她拒绝回答。5 日上午 10 时左右，记者带着疑问再次来到山阳县教体局，被工作人员告知局领导正在开会，一直等到 12 时 20 分会议结束，记者也没有见到山阳县教体局相关领导。下午 13 时，山阳县教体局主管学前教育的副局长告诉记者，"是幼儿园理解错误做出的决定"。当日，记者来到山阳县政府，县长陈璇说："9 月 3 日得到消息后，在要求立即纠正招生中出现错误的同时，第一时间让纪委监察局对此事展开调查，目前调查还在进行，我们一定会追查到底，给社会公众一个交代。"最后，县政府决定，对此事的处理意见如下：撤销原通知；在城区一小等周边学校腾出教室，增加 2 个班，来解决问题；山阳县幼儿园可以接收居民、临时人员、进城务工人员子女入学。

在引起社会强烈反响的"幼儿园只收官二代"事件中，相关负责人在事发之后不接受采访，并且将责任推到"幼儿园理解错误"上。与此形成对照的是，山阳县政府面对舆论压力没有我行我素，而是积极回应，妥善处理，推动事件顺利解决。

20. 国外教育舆情事件应对借鉴

案例——美国康州校园枪击案

- **事件背景**

凶手资料

凶手：亚当·兰扎

年龄：20 岁

背景：成绩优异，可能患有自闭症。其母亲是枪击案学校的教师，已在自家遇害。

枪击案学校概况

康涅狄格州纽敦镇桑迪霍克小学。学校约有 450 名学生和 46 名教职员工。

图 20－1　枪击案凶手

图 20－2　一名女性在桑迪霍克小学外打电话等待其亲人的消息

- **事件概况**

时间：美国时间 2012 年 12 月 14 日上午

伤亡：28 人丧生，包括 20 名学生。

过程：嫌犯身穿黑色外衣和防弹背心，携带 4 种武器进入两个教室后大开杀戒。枪声持续数分钟。10 分钟后警方赶到，凶犯听到警察逼近的声音决定开枪自杀。事后，桑迪霍克小学及当地其他学校全部被封锁。下午，总统奥巴马已经与康涅狄格州州长取得联系并了解了凶案情况。随后，总统发表演讲。14 日当晚，美国各地哀悼遇难者。14—18 日，美国全国降半旗致哀。15 日早上，警方公布遇难者名单。

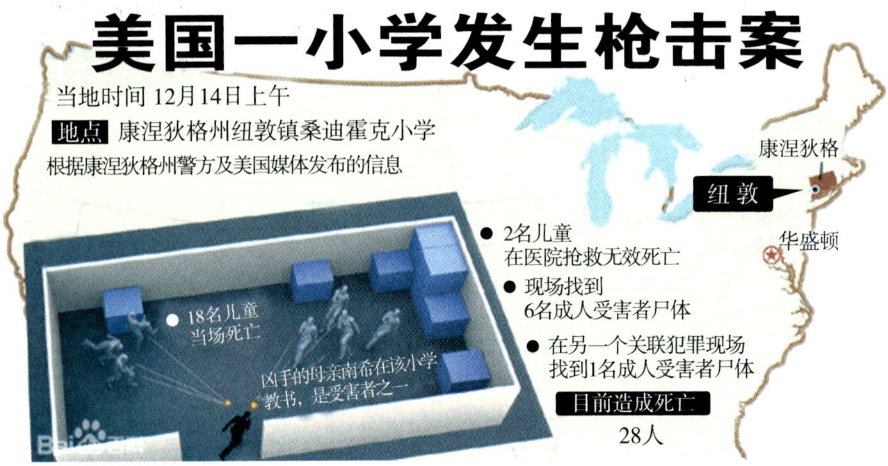

图 20－3　枪击案简介

- **事件处置**

整个事件处理过程仅用了 3 天时间。案发后，警察迅速赶到学校，并马上将学生及教师转移到安全地带，封锁校园。康涅狄格州州长也在第一时间将案件通告总统。总统迅速向全国发表演讲，赶往出事地点安抚遇难学生家属。

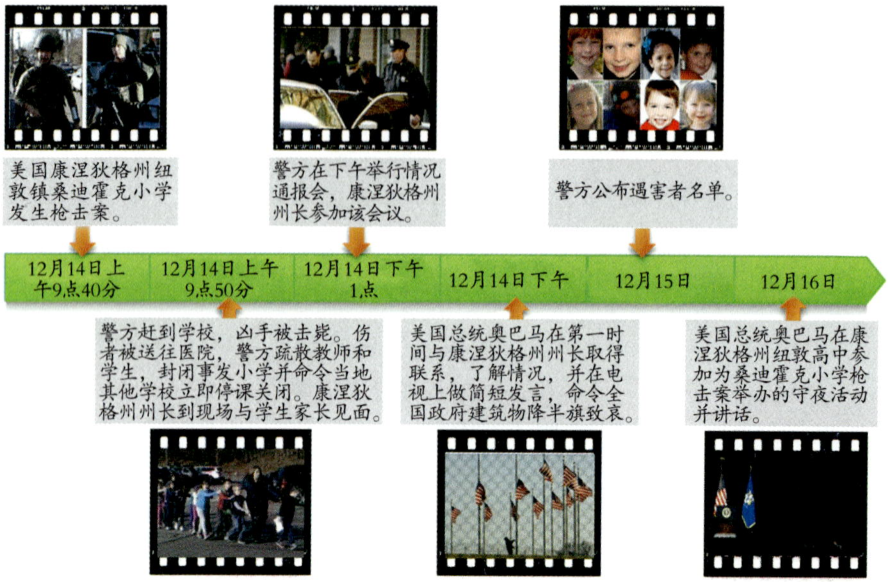

图 20－4　舆情事件应对过程

- **应对借鉴**

（1）当事教师机智勇敢，避免更大灾祸发生

在枪击案件发生过程中，有教师让学生躲进壁橱或者隐藏在角落里，大多数学生幸运地逃过了劫难。其中一位名叫维多利亚·索托（Victoria Soto）的教师让学生躲进壁橱，自己面对凶手时谎称孩子在上体育课，结果班里所有孩子都得救了，而索托本人则被凶手射杀，献出了生命。这名教师的行为彰显出舍己为人的道德情操和人性光辉。此外，47 岁的校长道恩·霍克斯普朗（Dawn Hocksprung）、58 岁的学校心理医生玛丽·舍拉奇（Mary Sherlach）冲出去与凶手搏斗，双双献出了生命。

（2）总统出面，重视学生校园安全

校园惨案发生后，美国总统迅速发表讲话，语带哽咽，声泪俱下，表明政府对此事件的立场。总统表示要采取行动，阻止类似悲剧再次发生，并下令美国各地政府建筑物降半旗，向死者致哀。政府的这一举措起到了安定民心的正向作用。

(3) 当地居民举行守夜祈祷，舒缓枪击案件给居民造成的不良影响

枪击案发生的当天晚间，数百名群众聚集在纽敦镇教堂，为枪击案的遇害者守夜祈祷，为缓解当地民众的震惊恐惧情绪起到了重要的安抚作用。

(4) 枪支管制逐渐进入政策议程

枪击案件的屡次发生，严重威胁着美国人民的生命财产安全。由于管控枪支触犯了某些阶层的利益，推动管控议案十分艰难。尽管如此，奥巴马在接受媒体采访时表示，副总统拜登过去一段时间听取了各方建议，已提出一些非常“明智和合乎常识的措施”。奥巴马呼吁国会两党议员摸着自己的良心，抛开政治，拿出解决枪支暴力问题的办法。枪支管制政策正在酝酿之中。

21. 加强教育网络舆情分析与引导

第一，建立教育舆情数据库，加强教育舆情监测分析。教育网络舆情发展迅速，需要我们根据网络舆情事件发生和发展的规律和特点，分析互联网教育舆情的信息来源、类别和特征等，探讨互联网教育舆情信息采集的原则和策略，并选择合适的网站链接作为舆情信息的采集源，参考教育词典、网络术语等筛选和制定教育舆情主题词表，建立互联网教育舆情专业词库。

衡量舆情分析有效性有若干个标准，如准确度、误差的最小化、反馈时间及时性、信息质量升级等。有效性是舆情分析的生命力。要探索在教育舆情分析过程中建立专家库、信息库、公众意见库，建立有效的舆情信息调查机制、舆情信息分析机制、舆情信息处理机制、舆情信息反馈机制。

第二，探索网络舆情传播规律，提高舆情管理处置能力。热点舆情事件发生后，要第一时间发布准确信息，努力掌握主导权，释放正面信息，引导理性表达，把各种不良影响降至最低。适时公布事件处置情况，及时回应群众关切，正确引导社会舆论。开通官方微博，及时关注民情。同时，进一步建立健全网络实时监测机制，及时跟踪、分析网络教育舆情，充分发挥网上正面舆论引导作用，努力掌握网络教育新闻宣传的主动权。

一般来说，教育舆情事件有两种：周期性教育舆情事件和突发性教育舆情事件。周期性舆情事件就是在时间、涉及主体、事件类型方面存在共性，经常发生、有规律可循的舆情事件。比如，1 月、7 月、8 月正值寒暑假，容易发生违规补课、异地补课、有偿家教类舆情事件，4 月、5 月容易发生差生被劝放弃高考、中考的舆情事件。

对于周期性舆情事件，有关部门应该认真总结已发生的舆情事件的应对经验，做好预案，由教育主管部门提前对相关教育机构发出预警信息，督促相关机构做好应对舆情事件的应急方案。

对于突发性舆情事件，要分析舆情事件的背景、成因以及各级教育机构应对处置的成败得失，总结经验教训，形成案例式的研究，为未来可能发生类似事件的部门和机构提供参考依据。与此同时，通过舆情案例分析、舆情数据研究，以及最新舆情传播规律研究、最新舆情传播载体研究，我们可以分析整个教育行业面临的舆情环境，从宏观上对未来的教育舆情发展变化进行趋势研究，为教育部门的相关领导、决策者提供参考。

第三，高度重视和充分利用微博的导向作用，第一时间回应社会大众关切。微博已成为网络舆情的主阵地和制高点。从首次曝出媒体类型来看，2012 年教育舆情事件中由报纸曝出的有 273 起，占 43.1%，由微博等新媒体曝出的有 361 起，占 56.9%，新媒体成为曝出教育舆情事件最主要的媒体类型。其中，由网络新闻曝出的教育舆情事件占比达到 21.8%，由微博和论坛曝出的比例分别是 17.9% 和 13%。

第四，积极引导舆情发展。相较于 2011 年，2012 年由微博首次爆出的事件比例大幅攀升。中国拥有近 6 亿网民，其中微博用户超过了 3 亿人，微博给普通网民提供了最便利、最快捷、效果最好的平台，例如湖南营养午餐缩水事件就是由支教大学生在微博上曝出，引起网民关注和社会声讨的。在突发事件发生后，有关部门能否在微博上发声，往往成为向网民传递善意、取得舆论主导权的重要环节，而封锁消息或仅通过传统媒体发声，则往往因为信息不对称而给谣言滋生提供了空间，也容易陷入被动。

网民不仅关注教育热点，而且参与和推动教育舆情，在教育舆情分析中具有加工与解释、扩散与传播的功能。关注网民的动态，是了解和掌控教育网络舆情的关键。通过倾听网民的心声，将网民的情绪洪流纳入理性、客观的轨道，才能促使教育舆情健康、有序发展。

附录：2012年教育舆情事件典型案例分析

营养午餐——吃不饱的尴尬

一、事件背景

“孩子们午餐越来越缩水了，现在每人每天一片面包，直径6厘米、厚度1.5厘米。”在湖南凤凰县腊尔山镇所德小学支教教师梁栩晔的微博曝光下，国家的营养午餐工程再受质疑。

从2011年10月26日国家决定每年拨款160多亿元，为农村义务教育阶段学生提供营养膳食补助，实施标准为每生每天3元的农村学生营养餐计划至2012年，一年已满。事实上，每一份“吃不饱的营养餐”，其实都是一份举报信。2012年，网络愈加成为正能量的聚集地，网络凝聚了众多能量，引起巨大的社会反响。

附图 1 –1　湖南凤凰县腊尔山镇所德小学派发的面包

关键词：营养午餐　支教教师　微博　凤凰县教育局　农村教育　反腐倡廉

二、传播媒介分布

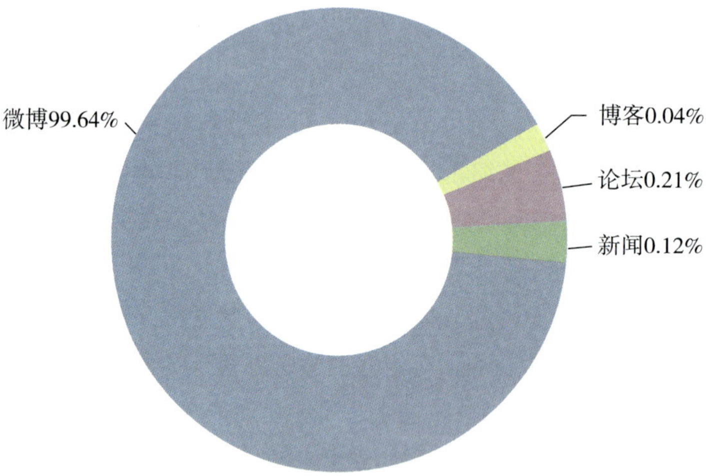

附图 1 –2　营养午餐缩水事件各媒体关注度

从附图 1 –2 中可以看出，营养午餐缩水事件中，对公众关注度起重要引导作用的是微博，占到了总体信息的 99. 64%。微博由于其嵌套性传播特征，很容易引起网络广泛关注。也正是由于微博的兴起，网络媒体的报道功能有所削弱，但在将信息从草根话语舆论场域搬运到社会主流话语场域中仍起着重要作用。值得注意的是，教育类传统媒体中，仅中国教育报对此事件给予了关注，说明教育类传统媒体对此类事件的关注度还有待提升。

三、传播趋势

- **事件曝光路径**

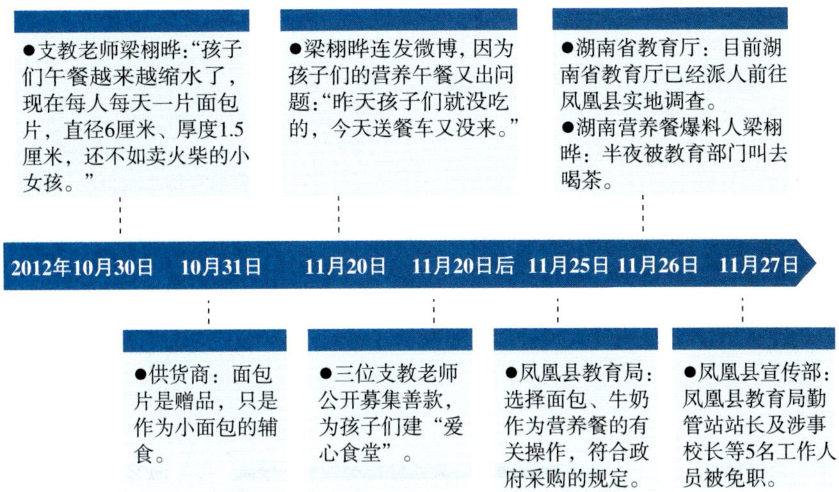

附图 1－3　营养午餐缩水事件发展趋势

2012 年 10 月 30 日，所德小学发放营养餐。巴掌大小的面包引起该校支教教师的愤怒，在试图找有关部门询问无果的情况下，支教教师之一梁栩晔发布微博求助。

微博发布的第二天，供货商给出解释：面包是赠品。事情暂时平息。

11 月 20 日，因营养午餐连续两天没来，支教教师梁栩晔再发微博。这次，引起了众多媒体关注。而后，三位支教教师决定"不再麻烦政府"，将公开募集善款，为孩子们建"爱心食堂"。这一举动也得到了众多网友的支持。

11 月 25 日，凤凰县教育局终于给出回应：选择面包、牛奶作为营养餐的有关操作符合政府采购的规定。

11 月 26 日，湖南省教育厅回应：对于营养午餐缩水事件一定要严查，并已派人前往凤凰县实地调查。就在当天晚上，支教教师梁栩晔半夜被请喝茶的微博被疯转。

11 月 27 日，从凤凰县宣传部传来 5 名对营养餐发放管理环节负有领导和直接管理责任的工作人员被免职处理的消息。

- **信息传播趋势**

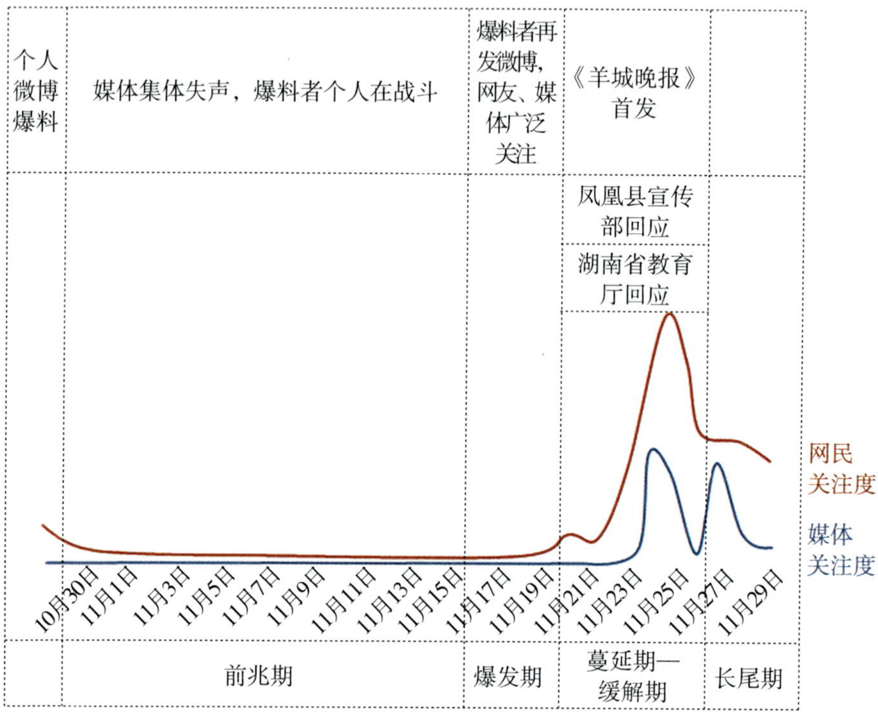

附图 1 - 4　营养午餐缩水事件信息传播趋势

从附图 1 - 4 中可以看出，事件从发生到结束大概经历了四个阶段，一定程度上符合突发性舆情事件的传播规律。

第一阶段为事发前兆期，爆料者“刁牙”（支教教师梁栩晔）通过微博爆料，为事件的发生提供了源头。但在很长一段时间内，媒体处于集体失声状态。这一方面是因为媒体迅速发展，受众每天面对的都是海量的敏感信息，已经产生了“审丑”疲劳感，另一方面是因为与那些重大突发敏感事件相比较，营养午餐缩水事件对于媒体而言曝光价值相对较低，这也反映了媒体责任感的缺失。另外，供应商的及时回应也对事件的抑制起了一定作用。

第二阶段为开始爆发期，“刁牙”再发微博称营养午餐断送，引起了微博围观者的注意，但媒体仍然未介入。

第三阶段为蔓延期和缓解期，事件被《羊城晚报》报道后，引起媒体的大量转载，这期间中央电视台《新闻纵横》栏目也为营养午餐缩水事件制作了专题报道，促使涉事主体做出回应、提出解决方案，最终以免职 5 人的处罚使事件得到了缓解，但后续关于爆料者申请建立食堂一事仍少有媒体跟踪报道。

第四阶段，即长尾期，该事件接近尾声。

四、热点议题

• 媒体声音

利用 TRS SMAS 热词功能，通过抽样分析，发现在营养午餐缩水事件中有以下高频词频。

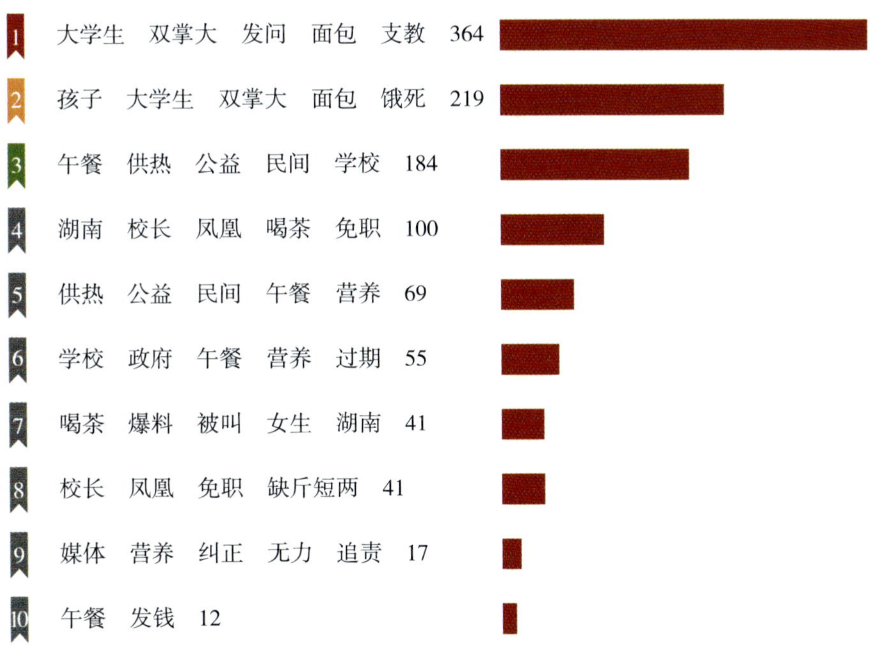

附图 1-5 营养午餐缩水事件热词排行

注：热词后的数字为热度指数。

从以上热词排行来看，媒体除了对营养午餐缩水事件本身“为什么缩水”提出质问外，还指向当地相关涉事主体，相关机构和个人管理混乱，从曝光者“半夜被请喝茶”到“缺斤短两”，很多详细情况我们不得而知。

- **网言网语**

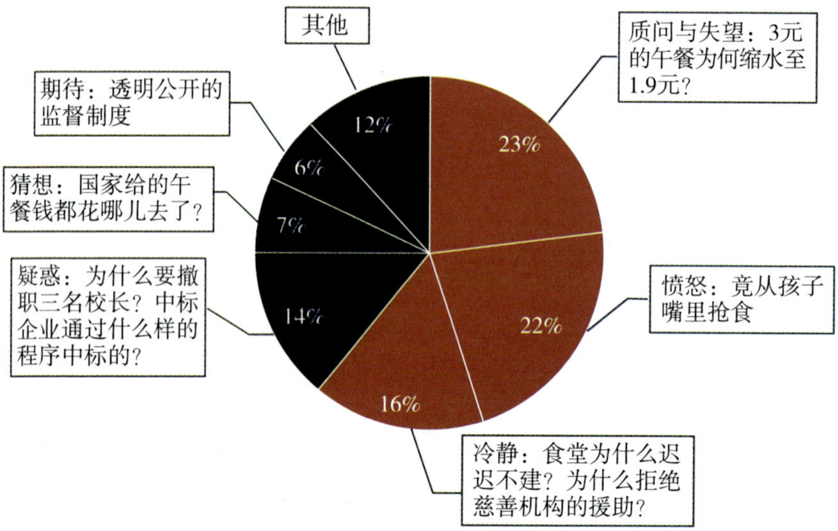

附图 1－6　营养午餐缩水事件网民热议话题

从以上网民热议话题整体分布来看，网友的质问、愤怒、失望、冷静充斥了大半个民间舆论场域，这也是一个较为理性的转变。3 元的午餐补贴为什么缩水成 1.9 元的牛奶和薄薄的面包片？中标企业通过什么样的程序中标的？他们每天在配送什么？食堂为什么迟迟不建？为什么拒绝慈善机构资助食堂的运营和建设费用？一系列问题引发网友对于营养午餐存在利益输送的猜想。

- **“意见领袖”分析**

关于营养午餐缩水事件，各个舆论场域都充斥着数量巨大、观点庞杂的信息，但根据“二八定律”，仅有少数的信息吸引了多数网民的关注，从而可能影响其态度和行为。这些具有高转载量、点击量、回复量、评论量的信息，在营养午餐缩水事件的扩散传播、引导干预过程中起着重要作用。

基于网民对“意见领袖”的信任，识别、充分利用各舆论场域中的“意见领袖”，可以快速地澄清事实，进而避免危害性的行为在现实生活中进一步蔓延。下面是对大众媒体与草根舆论场域中“意见领袖”的分析。

- **大众媒体“意见领袖”分析**

直到 11 月 25 日，关于营养午餐缩水事件的新闻才进入媒体视野，两天时间内出现了 600 余条与营养午餐缩水事件有关的高转载量新闻（见附表 1－1），媒体“意见领袖”开始浮现。由于营养午餐缩水事件的爆料者为浙江人，因此浙江地区网络媒体关注度较高。

附表 1－1　营养午餐缩水事件的首发媒体与转载情况

标　　题	首发媒体	转载量（次）
湖南凤凰营养午餐量少　支教教师：会让学生饿死	羊城晚报	364
支教女大学生爆营养餐内幕，称半夜被叫去喝茶	浙江在线	138
免费午餐发起人质问免费午餐缩水问题	中国青年报	100
支教学生曝光营养午餐缩水　后续压力始料未及	浙江新闻网	55

- **微博“意见领袖”分析**

微博已经成为一个聚集普通民众信息、观点的舆论场，一条信息通过粉丝的转发后可以迅速在整个微博网络内传播，暴露于微博用户的信息页面，还可能会流向其他媒体。由于微博信息主要通过转发来扩散，而微博的转发量又与粉丝的数量以及粉丝所嵌入的微博圈子状况有关，故营养午餐缩水事件微博舆论场域中“意见领袖”的判定主要以信息被转发的数量为依据。

以新浪微博为例，与营养午餐缩水事件有关的微博最早出现在 10 月 30 日，微博刚发出时遭到网友质疑，但在第二天，供货商的微博回应几乎遭到微博网友异口同声的质问："国家给的钱花哪儿去了？"

徐昕
北京 东城区 http://weibo.com/poetjustice
徐昕，法律学者
关注 1102 粉丝 63万 微博 4147
【营养午餐3元变2元：这钱也贪，天打雷劈】湖南凤凰支教的大三女生小梁："国家拨款3元弄的营养午餐，到孩子手上，就是一盒牛奶、一片小面包，你们要让这些孩子饿死吗？"记者发现国家补贴3元，最终换来2元物品。午餐没有热的饭http://t.cn/zjbZsp5
转发(5130)-评论(1053)

_-冰翼-_
辽宁，沈阳 http://weibo.com/zytarzan
中新软件沈阳分公司 总经理
关注 1872 粉丝 15万 微博 5341
_-冰翼-_：据羊城晚报推算，国家每人补贴3元的"营养午餐"，最终学生拿到手的是2元物品，"利润率"达50%。在湖南凤凰县，超过3万学生享受营养午餐计划，按一年补贴200多天计算，仅"营养午餐"一项利润超600万。请湖南凤凰县做出解释！
转发(1028)|评论(383)

李开复
北京 http://weibo.com/kaifulee
创新工场董事长兼首席执行官
关注 419 粉丝 2519万 微博 9135
//@邓飞:#再次呼吁教育部把午餐权交还学校#我们@免费午餐把3元钱直接交给学校和乡村，中间无赢利环节，虽不很好，但至少可以让孩子吃饱。//@CDRF卢迈：还不是正确的问题，如果学校食堂供餐，可以吃4两米饭和一个菜，如果交企业配餐，不能指望吃饱。人民日报啊，真正面对农村百姓 转发(645)-评论(417)

邓飞
北京，东城区 http://weibo.com/u/1642326133
免费午餐发起人、凤凰周刊记者部主任
关注 2382 粉丝 280万 微博 18619
#湖南省教育厅，你们可以努力一些吗?#今天接到16家媒体连线，问我对#凤凰县国家营养餐缩水#的看法，我说该县有能力有条件给孩子做厨房做热饭，但他们为什么坚持要发牛奶面包，根子在湖南省教育厅。该厅某领导在教育部一会议上明确牛奶面包模式，而免费午餐发源湖南。台下记者问我，他被崔永元骂傻了吗?
转发(460)-评论(163)

邓飞
北京，东城区 http://weibo.com/u/1642326133
免费午餐发起人、凤凰周刊记者部主任
关注 2382 粉丝 280万 微博 18619
#湖南省教育厅回应支教老师做午餐事件#赞赏教育厅迅速回应，并调查凤凰县国家营养餐招标有无违规。我有三个问题：1、教育局发牛奶面包，为甚免职三校长，因为学校容忍支教老师做午餐?2、杨副厅长说湖南有很多做饭学校，除新晃外还有何地?请公开!3、支教老师@刁牙能否顺利做饭? 转发(161)-评论(103)

大鹏看天下
北京 http://weibo.com/dapeng777
时事评论员，新浪微博社区委员会专家成员
关注 1159 粉丝 15万 微博 11855
【孩子们的午餐你们也克扣？】小学生，身体正当发育。在湖南凤凰县支教的浙江嘉兴学院女大学生小梁接连发微博，国家拨款3元购买"营养午餐"严重缩水，仅有一小包奶、一小片面包，直径6cm、厚1.5cm，价值仅2元，孩子们根本不够吃。凤凰县回应，符合政府采购规定。@郑渊洁@李开复@湖南教育网@王旭明？
转发(155)-评论(37)

王旭明
北京 http://weibo.com/wangxumingblog
教育部前发言人、语文出版社社长
关注 1710 粉丝 146万 微博 6287
有网友说"免费午餐"问题多多，大多数知情者都能自觉的保持沉默，维持现状，但总有那么一个临时工、实习生、退休职工、卧底记者来终结这一切——这样的惨胜换来的果实不能继续了。赞同。结束这种局面的办法就是追责问责，相关官员必须负责。每件事都追官员责时，就是临时工实习生和退休者解放日！
转发(30)-评论(22)

木春1208
四川，成都 http://weibo.com/u/1324271603
《西部广播电视》杂志社社长、总编李福春
关注 684 粉丝 3万 微博 6785
中央拨款160亿快一年的小学生3元营养午餐，到孩子手上，就是一盒牛奶一片小面包，价格不到2元（羊城晚报）舆论担忧的事，又被言中。微评：是习惯性雁过拔毛？还是有人贪婪成性？反正不管什么政策，只要与钱或物有关，总会有人伸手：救灾、扶贫、抗旱、节能、技改等等专款和物资。没有良心，哪来营养！ 转发(24)-评论(8)

五、舆情点评

营养午餐缩水事件的发生，显示出农村义务教育学生营养改善计划在管理和监督方面的不足，同时也反映出在配套资金方面的强烈需求。从总体上说，相关教育部门在营养午餐缩水事件的中后期表现是可圈可点的，但稍显不足的方面是介入时间点，如果在事件前兆期就有所警醒，那么此次事件可能不至于迅速扩大蔓延。本次营养午餐缩水事件的危机处理有以下几个特征。

介入相对滞后，凸显预警能力尚待提高。营养午餐缩水事件于 10 月 30 日开始出现苗头，在过去 20 天之后再次曝光才引起注意，凤凰县教育局 25 日正面回应此事，且回应内容基本被网友视作无效。湖南省教育厅 27 日派人开始调查，此时事件已经蔓延开来，加上央视的曝光，事件已进入爆发期。

直接干涉主体与间接干涉主体脱节。凤凰县教育局回应后，湖南省教育厅才要求彻查，暴露出主管部门的失职。

事务不够公开透明。在凤凰县宣传部公布处罚结果后，关注者纷纷质疑教育局发牛奶面包为何免职三名校长。孩子们的营养午餐究竟营养了谁？民众呼吁推进营养餐事务公开，让营养餐工程在阳光下操作，真诚接受社会各界监督。

湖北孝感“吊瓶班”事件

一、事件概况

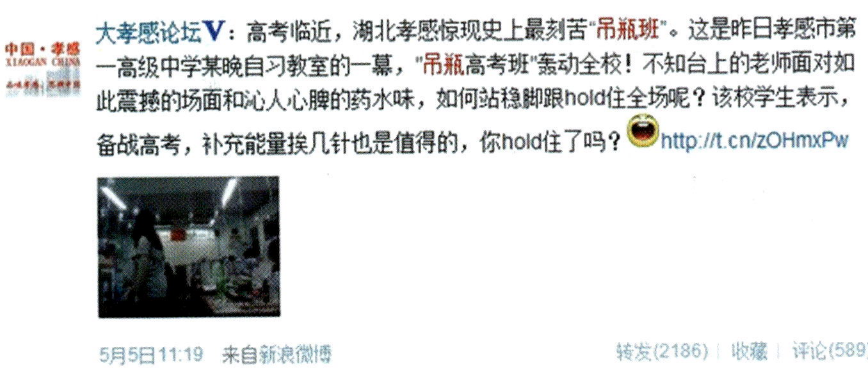
大孝感论坛V：高考临近，湖北孝感惊现史上最刻苦"吊瓶班"。这是昨日孝感市第一高级中学某晚自习教室的一幕，"吊瓶高考班"轰动全校！不知台上的老师面对如此震撼的场面和沁人心脾的药水味，如何站稳脚跟hold住全场呢？该校学生表示，备战高考，补充能量挨几针也是值得的，你hold住了吗？http://t.cn/zOHmxPw

5月5日11:19 来自新浪微博 转发(2186) | 收藏 | 评论(589)

附图 2－1 湖北孝感“吊瓶班”事件微博报道

2012 年 5 月 5 日：新浪微博加“V”机构“大孝感论坛”发布名为“吊瓶高考班”的照片。照片一经发布，就引来网民的大量转发和激烈讨论，近千名网友转发该微博，而网友也戏称该班级为“史上最刻苦‘吊瓶班’”。

校方回应：学生打的是补充能量的氨基酸，并且国家给考生氨基酸补贴。

2012 年 5 月 6 日：湖北省教育厅办公室相关负责人对“氨基酸补贴”一说作出回应，表示并未听说过国家关于高考考生氨基酸补贴一事。教育厅相关部门开始介入调查。

2012 年 8 月 29 日：媒体对“吊瓶班”的高考成绩进行跟踪报道，“吊瓶班”没人上重点大学的消息，再次将“吊瓶班”事件推到风口浪尖。湖北孝感“吊瓶班”学校校长受记过处分，校方也首次正面回应，反思并承诺今后不再组织学生打吊瓶。

2012 年 8 月 30 日：教育部网站公布湖北孝感“吊瓶班”事件责任人处理办法。

二、事件发展经过

附图 2－2　湖北高考“吊瓶班”事件发展经过

从事件发展经过来整体解读湖北孝感“吊瓶班”事件，可以发现，事件涉及的责任人和机构仅在事件发展初期和末期做出过解释，而媒体和网民对该事件的议论持续了近 4 个月。事件发展初期正值高考前的紧张备考阶段，校方在做出“吊瓶里为氨基酸并且国家有补贴”的解释后，就下达了“封口令”，禁止教师、学生议论此事，也拒绝接受任何媒体的采访。而湖北教育厅开始介入调查并否认“氨基酸补贴”的说法，使孝感一中成为众矢之的。随后的一个多月里，媒体和网民对“吊瓶班”背后的一系列教育问题展开激烈讨论。然而到 6 月、7 月，讨论声已经相对减弱，直到媒体再度曝出“吊瓶班”高考结果、校方回应，“吊瓶班”事件再次升温，引起新一轮的热议。孝感一中首次正面回应“吊瓶班”事件，坚持声称注射氨基酸是学生自愿的，但表示以后不会再集中组织。学校对该舆情事件的处理方式并不积极，并且低估了该事件的影响力，应对不充分。

三、各方态度

• 媒体维度分析

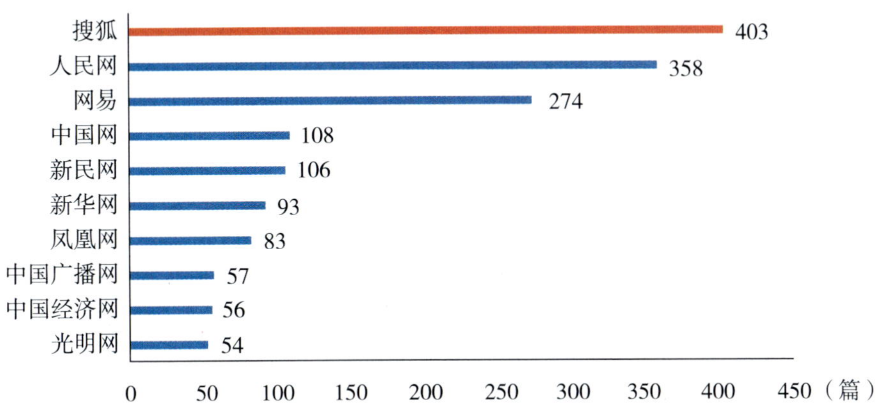

附图 2-3 新闻媒体报道量排名

从附图 2-3 中可以看出，媒体报道主要集中在搜狐网、人民网、网易等新闻门户类网站。

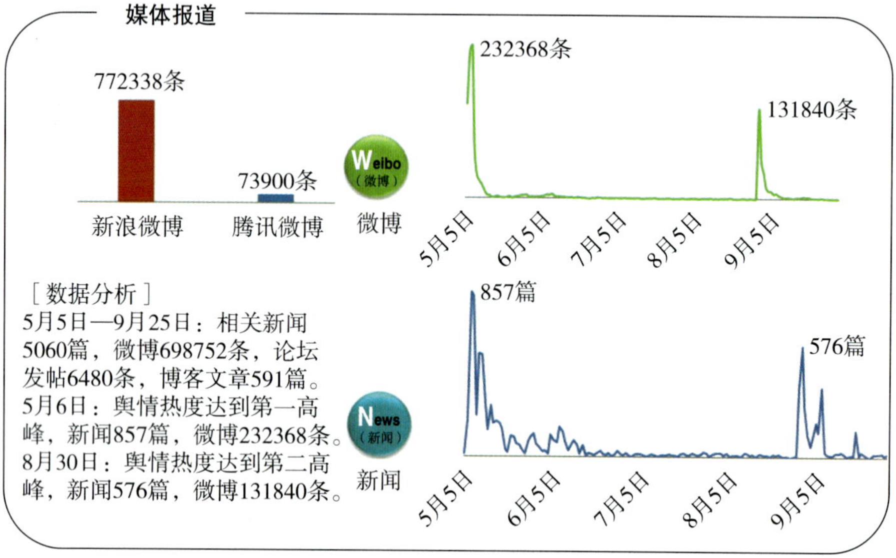

附图2－4　媒体信息分布

媒体态度

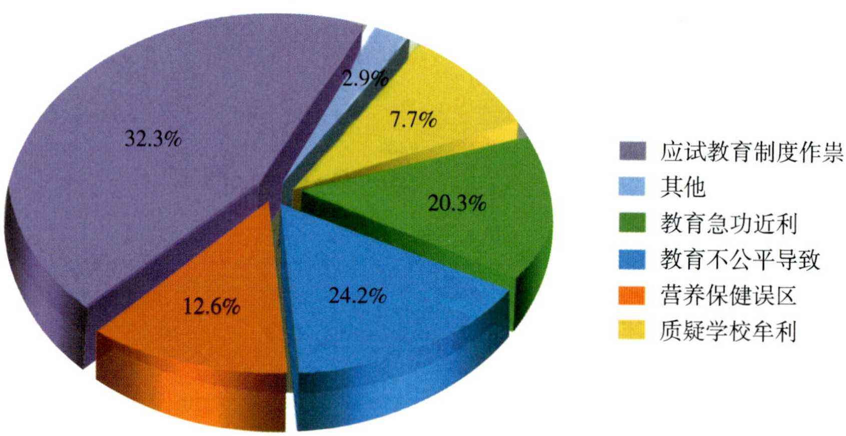

附图2－5　媒体态度分析

从媒体态度来看，主流媒体对“吊瓶注射氨基酸”这一做法的态度是一边倒的反对。80%的评论文章认为，“吊瓶班”的出现其实是应试教育制度作祟，是教育不公平以及学校、学生家长急功近利的结果。但也有7.7%的文章提出质疑，认为这可能是学校的一种牟利手段。还有12.6%的媒体告诫家长，注射氨基酸其实是错误的方法，要正确为考生提供营养。

◎ 应试教育制度作祟

腾讯财经

高考定终生？这到底是从何时扎根于广大师生、家长，甚至社会之中的，不必追问，重要的是现代社会当真需要的是高分人才么？“高分低能”、“实践能力差”、“毕业即失业”等现实无不暴露中国教育体制的各种缺陷，也为家长们带来种种担忧。

http：//finance. qq. com/a/20120509/007235. htm

◎ 不管高考成绩好或不好，问题不在“吊瓶班”，“吊瓶班”的学生最无辜

求是理论网 WWW.QSTHEORY.CN

打开报刊杂志、网络媒体，铺天盖地的报道、评说“吊瓶班”无一人考上重点大学，大有兴师问罪，嘲笑之意，笔者实在看不下去。我认为，教育有病，不可嘲笑“吊瓶班”无辜学生。

http：//www. qstheory. cn/lg/rpzm/wh/201208/t20120831_ 178786. htm

◎ 媒体提出质疑：学校是否通过注射氨基酸敛财、套利

sina新闻中心

据当地一名教育工作者介绍，当地政府为鼓励高三学生刻苦学习，每个学生有20元的生活补贴。在孝感一中，这20元的补助被执行为“氨基

酸专项补贴”。他说，显而易见，学校在帮忙“套取”政府补贴，而打氨基酸吊瓶就是这个“套子”。

http：//news. sina. com. cn/c/2012－05－13/005924407054. shtml

校方态度

◎ 方便学生注射氨基酸，国家有氨基酸补贴

sina新闻中心

夏主任解释称，前几日孝感天气不好，部分同学身体不舒服。随着高考临近，学校按照学生自愿的原则，组织高三学生到医务室打氨基酸。由于学生太多，导致学校医务室爆满。为了不耽误学生复习，所以学校就安排学生在教室内打氨基酸。

http：//news. sina. com. cn/s/2012－05－07/040524376469. shtml

◎ 首次正面回应，反思并称再不集中组织

大楚网 腾讯湖北频道

张胜华说，事发后学校吸取了这次教训，并进行了总结与反思，今后将不会集中组织学生在考前打氨基酸。

http：//hb. qq. com/a/20120829/000460. htm

湖北教育厅态度

◎ 对“吊瓶班”不知情，没有批过补脑保健品，未听说过关于高考的氨基酸补贴政策

鳳凰網资讯 news.ifeng.com

对于“高考班集体打吊瓶复习”一事，湖北省教育厅办公室相关负责人回应说，他并未听说国家关于高考考生氨基酸补贴一事。教育厅相关部

门对此事十分重视，将对校方声称的国家补贴政策进行核查，目前相关部门已经介入。

http：//k. ifeng. com/71672/5348573

专家态度

◎ 家长、学生对“补充营养”“提神醒脑”有误区

凤凰网资讯 news.ifeng.com

“（打吊瓶）已经流行了很多年了，说不清从什么时候起就成了风潮。”旁边另一位家长说，“我记得4年前，孩子的表姐考大学的时候，也是打吊瓶的。”

http：//gz. ifeng. com/jishi/detail_ 2012_ 05/11/199798_ 0. shtml

教育部态度

◎ 严惩“吊瓶班”事件责任人

sina 新浪财经

教育部网站30日公布8起乱收费案件以及对相关责任人的处理办法，进一步重申了严肃惩处、责任追究的治理原则。湖北省孝感一中违规收取“氨基酸注射费”问题。案件涉及的相关责任人均被予以免职、记过处分、开除党籍甚至判处有期徒刑等惩戒，涉及相关资金均被退还学生或收缴国库。

http：//finance. sina. com. cn/china/20120830/204913004064. shtml

- **微博教育达人维度分析**

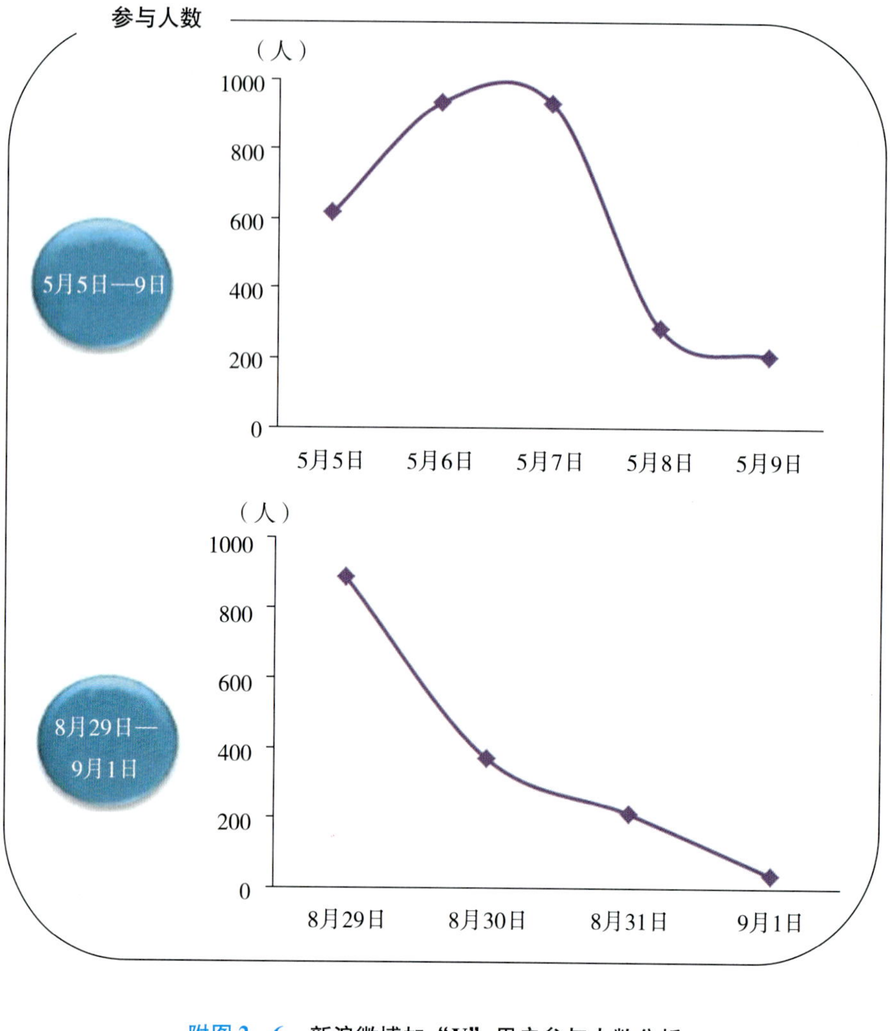

附图 2－6　新浪微博加“V”用户参与人数分析

湖北高考“吊瓶班”事件中的“意见领袖”，46.15%为新浪微博加“V”认证用户，其中包括有千万粉丝及庞大影响力的微博名人（如薛蛮子）、媒体官方微博（如南方都市报）、教育机构官方微博（如高考直通车）等。而这些“意见领袖”发布、评论以及转发的微博，会被众多媒体、网民转发，从而对整个舆论场域的主要观点、主流声音和信息流向起到非常重要的作用。

湖北高考“吊瓶班”事件的第二个小高峰也只持续了 4 天就趋于平静了。“意见领袖”中的加“V”媒体官方微博都发布或转发了“吊瓶班”高考结果。

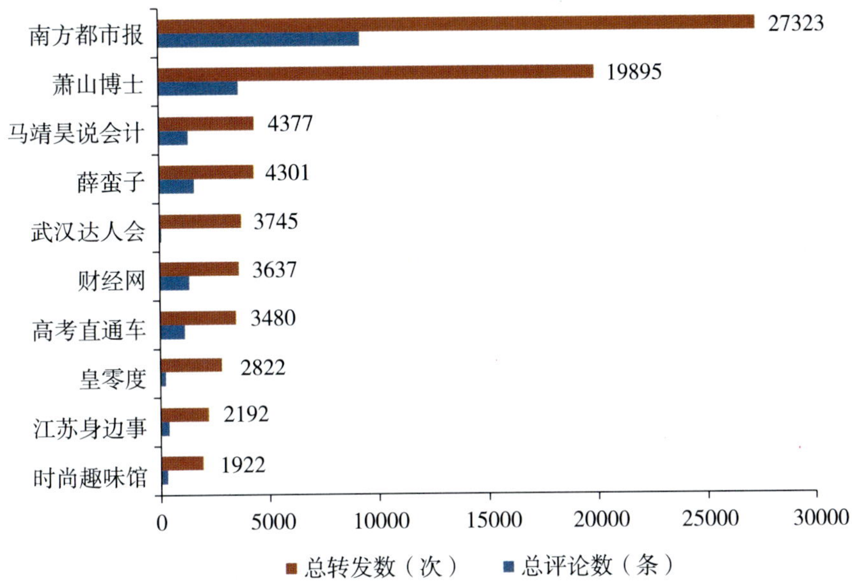

附图 2－7　“意见领袖”分析

附表 2－1　热点微博分析

微博名称	热点微博
 南方都市报	【湖北现“高三吊瓶班”】高考临近，湖北孝感一中现“吊瓶班”：教室灯火通明，每张课桌上都堆满了书，教室半空中拉上了铁丝，挂着很多吊瓶，同学正在一边学习一边打吊瓶。老师称，学生们打的吊瓶都是补充能量的氨基酸，考试压力大，不耽误复习，选择在教室内打氨基酸。长江商报 http：//t.cn/zOQUIb1 南方都市报 发表于：2012.05.06 10：04：00 转发（16111）－评论（4821） http：//weibo.com/1644489953/yhSWzffV5

续表

微博名称	热点微博
南方都市报	【湖北“吊瓶班”无一人考上重点大学 校方反思】数月前，湖北孝感一中高三某班集体挂吊瓶，边打氨基酸补充能量边复习。近日，该校领导首次正面回应，称对“吊瓶班”事件进行了反思，并表示今后不会再集中组织学生打吊瓶。据介绍，“吊瓶班”50 多名学生无一人达一本线。楚天都市报 http：//t. cn/ zW3aaOo 南方都市报 发表于：2012. 08. 29 11：35：00 转发（5655）- 评论（2342） http：//weibo. com/1644489953/yznGpepLo
财经网	【图看中国 · 史上最苦吊瓶班】高考临近，湖北孝感一中惊现“吊瓶班”，教室内很多同学边打吊瓶边复习，场面壮观。孝感一中称，学生打的是补充能量的氨基酸，国家每年给高考学生 10 元钱的氨基酸补贴。因校医务室爆满，为不耽误学生复习，省得他们在医务室和教室间来回跑，学校安排学生在教室内打氨基酸。 财经网　发表于：2012. 05. 06 13：08：00 转发（3062）- 评论（998） http：//weibo. com/1642088277/yhU91pUrq
高考直通车	【湖北孝感惊现史上最刻苦“吊瓶班”!】高考临近，这是昨日孝感市第一高级中学某晚自习教室的一幕，“吊瓶高考班”轰动全校！不知台上的老师面对如此震撼的场面和沁人心脾的药水味，如何站稳脚跟 hold 住全场呢？该校学生表示，备战高考，补充能量挨几针也是值得的，你 hold 住了吗？(大孝感论坛) 高考直通车　发表于：2012. 05. 05 21：56：00 转发（2389）- 评论（647） http：//weibo. com/1750067330/yhOaIitlh

续表

微博名称	热点微博
 马靖昊说会计	【湖北惊现“高三吊瓶班”】高考临近，湖北孝感一中惊现“吊瓶班”。老师称，学生们考试压力大，打的吊瓶都是补充能量的氨基酸。（评：摧残人性的应试教育，无能的学校和老师，可怜的学生，学习决不是这个样子的。） 马靖昊说会计　发表于：2012.05.06 20：05：00 转发（4377）-评论（1309） http：//weibo.com/1410448443/yhWSegM0Q

- **网民维度分析**

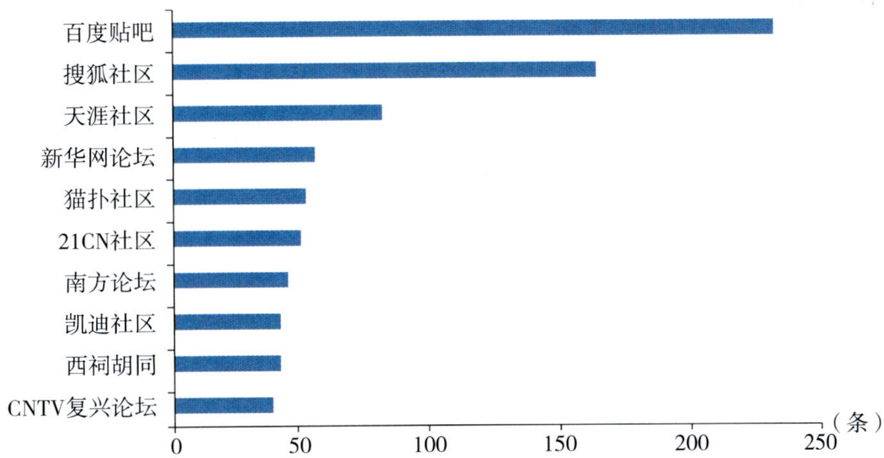

附图2－8　**论坛主题帖数量分析**

百度贴吧、搜狐社区、天涯社区等主流论坛激烈讨论湖北孝感“吊瓶班”事件。部分网友表示不理解和无奈，提出“考上大学又咋样？踏上社会你也能吊瓶吗?”“中国教育的悲哀”。“吊瓶班”反映的其实是高考的残酷性，本应快乐、充实的学习活动，却变成“填塞大脑”，而“吊瓶班”的失利，也是功利教育的恶果。

淮水安澜
bbs.huainet.com

“吊瓶班”吊起的是高考的残酷，是应试教育的残酷，是学校工作思想的残酷，这样的残酷教育是教育怪胎，是学生健康成长的悲哀。

http://bbs.huainet.com/thread-1143307-1-1.html

然而，也有不少网友提出质疑："吊瓶班"可能没有让学生亢奋起来，却让舆论无比兴奋。而现在有哪一种方式，能够替代高考的独特作用？从"自主招生"面临的困局不难看出，教育改革的突围并不容易。"吊瓶班"本是件很小的事情，媒体推波助澜给学生和学校带来莫大的压力。"吊瓶班"集体落榜，除了学校要反思自身教育形式和教育方式的问题外，媒体也要反思认识问题的出发点和着重点。

央视网 cctv.com 复兴论坛

有一个问题在于，教育本身所表现出的浮躁与功利，并不仅仅是教育本身的问题。如果脱离整个社会去谈教育和高考改革，其实是无源之水。否则，高考改革理想图景固然美好，但现实状况却极为糟糕，谁能靠一个高考改革来扛着整个社会向前？

http://bbs.cntv.cn/thread-16839914-1-1.html

鳳凰網 資訊 news.ifeng.com

事到如今，学校表示会深刻反思，但需要深刻反思的还有社会，当然包括媒体和舆论。过分关注，将问题扩大化，偏激化，这是媒体和舆论最喜欢做的事，也最容易犯的错。学校反思的重点是教育的形式与方法，而媒体反思的重点则是认识问题的出发点和着重点。

http://bbs.ifeng.com/viewthread.php?tid=13954618&extra=page%3D1

"吊瓶班"事件的起源在新浪微博，由此新浪微博也成为网民的热议"战场"。而腾讯微博的影响力相对较小。虽说教育制度、高考制度是老生常谈的问题，但网友的关注度从来都是只增不减。微博发布后，网友迅速分为两派。一派表示大为震惊，惊呼："这是怎么回事？"另一派则显出习以为常："这明显是孝感一中，学生自愿打氨基酸，每年这个时候都这样。

补充能量而已，当初我也打了。”而截止到 2012 年 5 月 6 日，有关“吊瓶班”的微博已经超过了 76000 条。当然，网友马上就将矛头指向高考。支持方认为“人生能有几回搏”，反对方认为“还有东西比它重要”。但无论是支持方还是反对方，对于注射氨基酸的做法都不表示赞成。

支持：

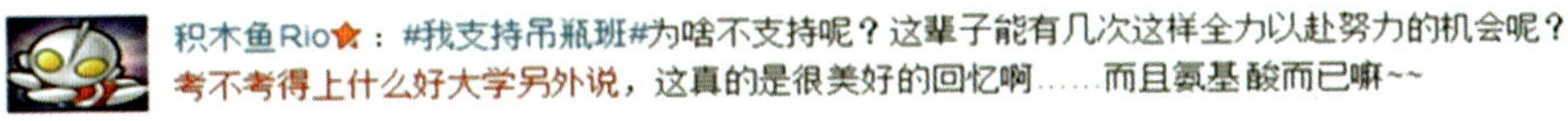
积木鱼Rio：#我支持吊瓶班#为啥不支持呢？这辈子能有几次这样全力以赴努力的机会呢？考不考得上什么好大学另外说，这真的是很美好的回忆啊……而且氨基酸而已嘛~~

反对：

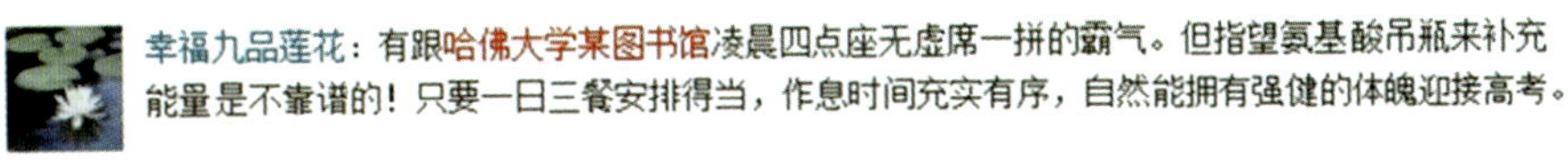
幸福九品莲花：有跟哈佛大学某图书馆凌晨四点座无虚席一拼的霸气。但指望氨基酸吊瓶来补充能量是不靠谱的！只要一日三餐安排得当，作息时间充实有序，自然能拥有强健的体魄迎接高考。

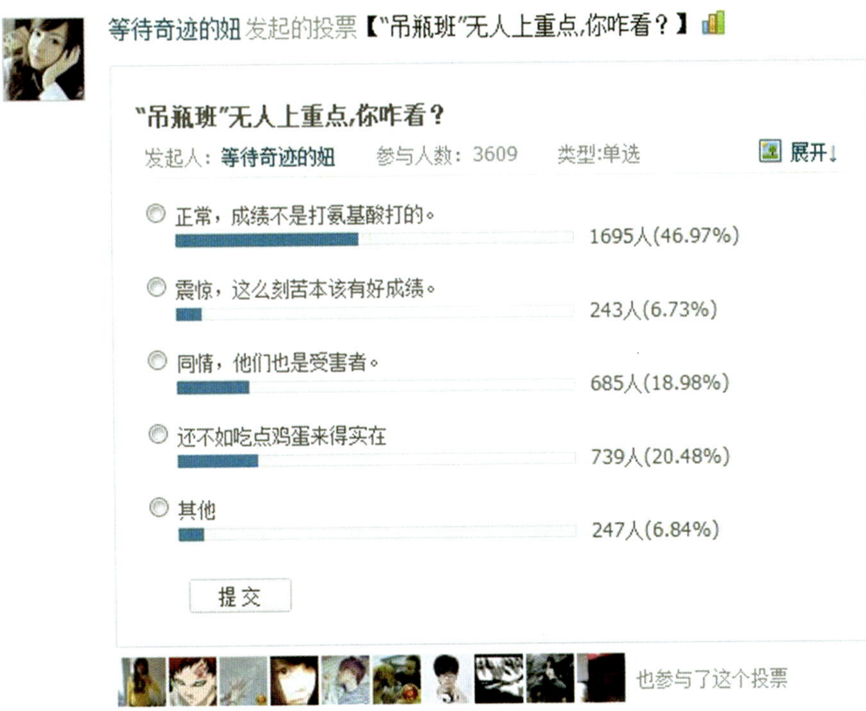

附图 2－9　腾讯微博网友发起“‘吊瓶班’无人上重点，你咋看?”的投票

从上面的调查结果也不难看出，70% 的网友对于学校组织学生注射氨基酸的做法表示不赞成，还有近 20% 的网友对“吊瓶班”的学生表示同情和理解。

四、舆情点评

“吊瓶班”事件被微博曝出后，校方立即下达“封口令”，禁止学生讨论，并拒绝接受任何媒体的采访。直到媒体纷纷报道此事，校方才顶着巨大的压力解释了打吊瓶的细节问题，同时迅速停止打吊瓶的做法。显然，校方并没有在第一时间以积极、合作的态度回应该事件，而是试图掩盖事情。校方希望用“氨基酸补贴”的说法来平息事件，降低媒体、网民的关注度和讨论声。然而，仅时隔一天，湖北省教育厅就否认了“氨基酸补贴”的说法并展开调查，使得校方更加被动，将话语权交给了媒体和网民。直到 8 月底“吊瓶班无人上重点大学”的新闻曝出后，校方才首次正面回应，表明反思的态度。虽然“吊瓶班”的家长和学生分别表明了态度，但由于校方不表态的做法，“吊瓶班”的学生被推到舆论的风口浪尖，倍感压力。所以，本次事件中学校缄默不语、推卸责任的做法并不可取。这不仅使学校在舆论场域中变得被动，而且影响了学校的声誉和信誉。相比而言，湖北省教育厅作为被动卷入事件的一方，其做法和态度将被动转为主动，展示出了政府应有的解决问题的态度。

后　记

《中国教育网络舆情分析报告 2012》是中国教育科学研究院 2012 年度基本科研业务费专项基金课题的研究成果，是中国教育科学研究院 2012 年度四大书系之“国情”书系成果之一。

本书由中国教育科学研究院和北京拓尔思信息技术股份有限公司合作共同完成。课题组负责人为田凤，成员包括马晓强、吴景松、赵彩瑞、黄玉麟、邹维、李贞、武月忱。

这是我们第一次尝试通过大数据分析教育舆情，由于水平有限，书中难免有疏漏和不妥之处，恳请读者批评指正。

出 版 人　所广一
责任编辑　刘明堂
版式设计　孙欢欢
责任校对　贾静芳
责任印制　曲凤玲

图书在版编目（CIP）数据

中国教育网络舆情分析报告. 2012／田凤等著. —北京：教育科学出版社，2013.6
（国情教育研究书系）
ISBN 978-7-5041-7754-4

Ⅰ. ①中…　Ⅱ. ①田…　Ⅲ. ①计算机网络—应用—教育事业—研究报告—中国—2012　Ⅳ. ①G434

中国版本图书馆 CIP 数据核字（2013）第 132978 号

中国教育网络舆情分析报告 2012
ZHONGGUO JIAOYU WANGLUO YUQING FENXI BAOGAO 2012

出版发行	教育科学出版社		
社　址	北京·朝阳区安慧北里安园甲 9 号	**市场部电话**	010-64989009
邮　编	100101	**编辑部电话**	010-64989419
传　真	010-64891796	**网　址**	http://www.esph.com.cn
经　销	各地新华书店		
制　作	北京金奥都图文制作中心		
印　刷	保定市中画美凯印刷有限公司		
开　本	169 毫米×239 毫米　16 开	**版　次**	2013 年 6 月第 1 版
印　张	9	**印　次**	2013 年 6 月第 1 次印刷
字　数	127 千	**定　价**	35.00 元